Sahnehäubchen für die Seele

Sahne-häubchen für die Seele

Geschichten, die gut tun

benno

Bibliografische Information der Deutschen Nationalbibliothek
Die Deutsche Nationalbibliothek verzeichnet diese Publikation in der Deutschen Nationalbibliografie; detaillierte bibliografische Daten sind im Internet über http://dnb.d-nb.de abrufbar.

Besuchen Sie uns im Internet:
www.st-benno.de

ISBN 978-3-7462-3129-7

Stammerstr. 11, 04159 Leipzig
Zusammenstellung: Volker Bauch, Leipzig
Umschlaggestaltung: Ulrike Vetter, Leipzig
Gesamtherstellung: Kontext, Lemsel (A)

INHALTSVERZEICHNIS

Dem Glücklichen schlägt keine Stunde

Der Glaube versetzt Berge

Die Liebe hört niemals auf

Mit Geduld und Zeit
kommt man zu Gelassenheit

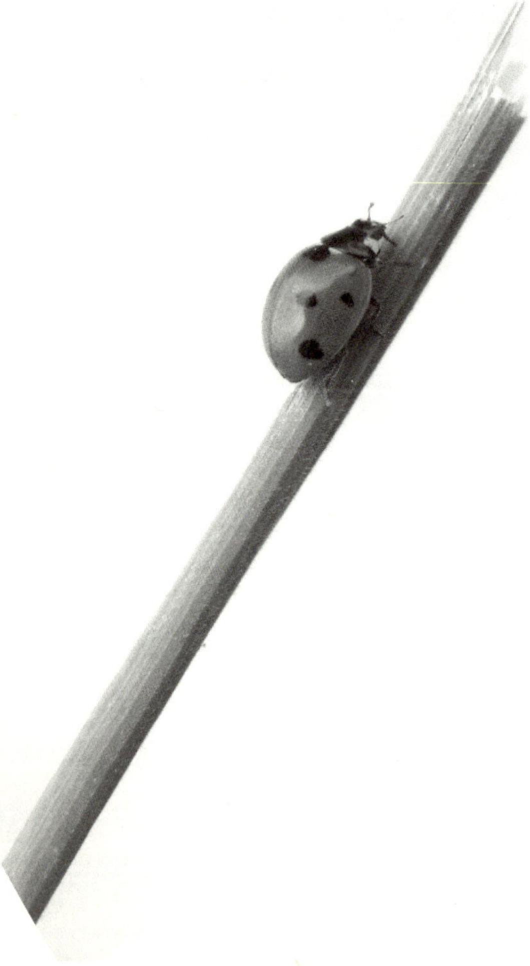

GANZ EINFACH

Gerhard Schöne

Ein Mann fahrt zu 'nem Blitzbesuch
zu seinem Vater auf das Dorf.
Der Alte füttert grade Katzen.
Der Mann sagt: »Tag! Ich bleib' nicht lang,
hab eigentlich gar keine Zeit.
Ich weiß nicht mehr, wo mir der Kopf steht!

Ich hetz mich ab und schaffe nichts.
Ich bin nur noch ein Nervenwrack.
Woher nimmst du nur deine Ruhe?«
Der Alte kratzt sein linkes Ohr
und sagt: »Mein Lieber, hör gut hin,
ich mach es so, es ist ganz einfach:

Wenn ich schlafe, schlafe ich.
Wenn ich aufsteh', steh' ich auf.
Wenn ich gehe, gehe ich.
Wenn ich esse, ess' ich.

Wenn ich schaffe, schaffe ich.
Wenn ich plane, plane ich.
Wenn ich spreche, spreche ich.
Wenn ich höre, hör' ich.«

Der Mann sagt: »Was soll dieser Quatsch?
Das alles mache ich doch auch,
und trotzdem find' ich keine Ruhe.«
Der Alte kratzt sein linkes Ohr
und sagt: »Mein Lieber, hör' gut hin,
du machst es alles etwas anders:

Wenn du schläfst, stehst du schon auf.
Wenn du aufstehst, gehst du schon.
Wenn du gehst, isst du schon,
Wenn du isst, dann schaffst du.

Wenn du schaffst, dann planst du schon.
Wenn du planst, dann sprichst du schon.
Wenn du sprichst, dann hörst du schon.
Wenn du hörst, dann schläfst du.

Wenn ich schlafe, schlafe ich.
Wenn ich aufsteh', steh' ich auf.
Wenn ich gehe, gehe ich.
Wenn ich esse, ess' ich.

Wenn ich schaffe, schaffe ich.
Wenn ich plane, plane ich.
Wenn ich spreche, spreche ich.
Wenn ich höre, hör' ich.«

Das kostbare Kräutlein

Christoph von Schmid

Zwei Mägde, Anna und Martha, gingen der Stadt zu, und jede trug einen Korb voll Obst auf dem Kopfe. Anna murrte und seufzte beständig; Martha aber lachte und scherzte nur. Anna sagte: »Wie magst du doch lachen? Dein Korb ist ja so schwer wie der meinige, und du bist um nichts stärker als ich.« Martha sprach: »Ich habe ein gewisses Kräutlein zur Last gelegt, und so fühle ich sie kaum. Mach es auch so!«
»Ei«, rief Anna, »das muss ein kostbares Kräutlein sein. Ich möchte mir meine Last auch gern damit erleichtern. Sage mir doch einmal, wie es heißt!«
Martha antwortete: »Das kostbare Kräutlein, das alle Beschwerden leichter macht, heißt: Geduld. Denn leichter träget, was er trägt, wer Geduld zur Bürde legt.«

Der Müller ohne Sorgen

Karl Müllenhoff

Der König kam einst durch Dithmarschen und bei eines Müllers Haus vorbei, an dessen Tür stand geschrieben: »Ich lebe ohne Sorgen.« Der König ließ den Müller sogleich zu sich kommen und fragte ihn, wie er sich's einfallen lassen könnte, das über seine Tür zu schreiben, da er, der König selber, es nicht einmal von sich sagen könnte. Der Müller antwortete, es wäre nun einmal so und ließe sich nichts dabei machen. »Nun«, sagte der König, »so komme Er morgen früh nur einmal zu mir; dann will ich an Ihn drei Fragen tun, und kann Er die beantworten, will ich's Ihm glauben.«

Am andern Morgen kam der Müller. »Guten Morgen, guter Freund«, sprach der König, »was meint Er, was ich denke in diesem Augenblick?«

»Ihr meint«, antwortete der Müller, »der Müller kommt.«

»Allerdings«, sagte der König, »aber nun die zweite Frage: Wie schwer ist wohl der Mond?«

»Höchstens«, antwortete der Müller, »vier Viertel, und wenn Ihr es nicht glauben wollt, müsst Ihr selbst nachwägen.«

»Und wie tief ist das Wasser?«, fragte der König wieder, und der Müller antwortete: »Einen Steinwurf.« Da lächelte der König und sagte: »Höre, Er, Müller, Er ist ein Schalk; aber wenn Er mit allem so schnell fertig werden kann, ist's kein Wunder, dass er keine Sorgen hat.« Der König beschenkte darauf den Müller reichlich, und sie sind ihr Lebtage gute Freunde geblieben.

Seligpreisungen

DIE KLEINEN SCHWESTERN
DES CHARLES DE FOUCAULD, PARIS

Selig, die über sich selbst lachen;
sie werden genug Unterhaltung finden.

Selig, die einen Berg von einem
Maulwurfshügel unterscheiden;
sie werden sich Ärger ersparen.

Selig, die schweigen und zuhören;
sie werden viel Neues erfahren.

Selig, die kleine Dinge ernst und
ernste Dinge gelassen nehmen;
sie werden weit kommen.

Selig, die Gott erkennen und lieben;
sie werden Güte und Freude ausstrahlen.

Nimm dich nicht so wichtig

JOHANNES XXIII.

Ein neu ernannter Bischof besuchte Johannes XXIII. Als ihn der Papst fragte, wie es ihm in seinem neuen Amt gehe, gestand der Bischof, dass er die Last seiner Verantwortung spüre und darum oft nicht schlafen könne. Johannes XXIII. erzählte ihm darauf, dass es ihm in den ersten Tagen seines Papsttums ähnlich ergangen sei, das hätte sich aber schlagartig geändert.
»Denn ich träumte«, so fuhr er fort, »dass mir mein Schutzengel erschien; und er sagte zu mir: ›Johannes, nimm dich nicht so wichtig!‹«

Nimm dir nicht zu viel vor.
Es genügt die friedliche, ruhige Suche
nach dem Guten an jedem Tag
zu jeder Stunde, und ohne Übertreibung
und ohne Ungeduld.

Seligpreisungen eines alten Menschen

Aus Afrika

Selig, die Verständnis zeigen
für meinen stolpernden Fuß
und meine erlahmende Hand.

Selig, die begreifen,
dass mein Ohr sich anstrengen muss,
um alles aufzunehmen, was man mit mir spricht.

Selig, die zu wissen scheinen,
dass mein Auge trüb
und meine Gedanken träge geworden sind.

Selig, die mit freundlichem Lächeln verweilen,
um ein wenig mt mir zu plaudern.

Selig, die es verstehen,
Erinnerungen an frühere Zeiten
in mir wachzurufen.

Selig, die mich erfahren lassen,
dass ich geliebt, geachtet
und nicht allein gelassen bin.

Anekdote zur Senkung der Arbeitsmoral

HEINRICH BÖLL

In einem Hafen an der westlichen Küste Europas liegt ein ärmlich gekleideter Mann in seinem Fischerboot und döst. Ein schick angezogener Tourist legt eben einen neuen Farbfilm in seinen Fotoapparat, um das idyllische Bild zu fotografieren: blauer Himmel, grüne See mit friedlichen, schneeweißen Wellenkämmen, schwarzes Boot, rote Fischermütze. Klick. Noch einmal: klick, und da aller guten Dinge drei sind und sicher sicher ist, ein drittes Mal: klick.

Das spröde, fast feindselige Geräusch weckt den dösenden Fischer, der sich schläfrig aufrichtet, schläfrig nach seiner Zigarettenschachtel angelt; aber bevor er das Gesuchte gefunden, hat ihm der eifrige Tourist schon eine Schachtel vor die Nase gehalten, ihm die Zigarette nicht gerade in den Mund gesteckt, aber in die Hand gelegt, und ein viertes Klick, das des Feuerzeuges, schließt die eilfertige Höflichkeit ab. Durch jenes kaum messbare, nie nachweisbare Zuviel an flinker Höflichkeit ist eine gereizte Verlegenheit entstanden, die der Tourist – der Landessprache mächtig – durch ein Gespräch zu überbrücken versucht.

»Sie werden heute einen guten Fang machen.« Kopfschütteln des Fischers.
»Aber man hat mir gesagt, dass das Wetter günstig ist.« Kopfnicken des Fischers.
»Sie werden also nicht ausfahren?« Kopfschütteln des Fischers, steigende Nervosität des Touristen. Gewiss liegt ihm das Wohl des ärmlich gekleideten Menschen am Herzen, nagt an ihm die Trauer über die verpasste Gelegenheit. »Oh, Sie fühlen sich nicht wohl?«
Endlich geht der Fischer von der Zeichensprache zum wahrhaft gesprochenen Wort über. »Ich fühle mich großartig«, sagt er. »Ich habe mich nie besser gefühlt.« Er steht auf, reckt sich, als wollte er demonstrieren, wie athletisch er gebaut ist. »Ich fühle mich phantastisch.« Der Gesichtsausdruck des Touristen wird immer unglücklicher, er kann die Frage nicht mehr unterdrücken, die ihm sozusagen das Herz zu sprengen droht: »Aber warum fahren Sie dann nicht aus?«
Die Antwort kommt prompt und knapp. »Weil ich heute Morgen schon ausgefahren bin.« »War der Fang gut?« »Er war so gut, dass ich nicht noch einmal auszufahren brauche, ich habe vier Hummer in meinen Körben gehabt, fast zwei Dutzend Makrelen gefangen ...«
Der Fischer, endlich erwacht, taut jetzt auf und klopft dem Touristen beruhigend auf die Schul-

tern. Dessen besorgter Gesichtsausdruck erscheint ihm als ein Ausdruck zwar unangebrachter, doch rührender Kümmernis.

»Ich habe sogar für morgen und übermorgen genug«, sagt er, um des Fremden Seele zu erleichtern. »Rauchen Sie eine von meinen?« »Ja, danke.«

Zigaretten werden in die Münder gesteckt, ein fünftes Klick, der Fremde setzt sich kopfschüttelnd auf den Bootsrand, legt die Kamera aus der Hand, denn er braucht jetzt beide Hände, um seiner Rede Nachdruck zu verleihen.

»Ich will mich ja nicht in Ihre persönlichen Angelegenheiten mischen«, sagt er, »aber stellen Sie sich mal vor, Sie führen heute ein zweites, ein drittes, vielleicht sogar ein viertes Mal aus und Sie würden drei, vier, fünf, vielleicht gar zehn Dutzend Makrelen fangen – stellen Sie sich das mal vor.« Der Fischer nickt.

»Sie würden«, fährt der Tourist fort, »nicht nur heute, sondern morgen, übermorgen, ja, an jedem günstigen Tag zwei-, dreimal, vielleicht viermal ausfahren – wissen Sie, was geschehen würde?« Der Fischer schüttelt den Kopf.

»Sie würden sich spätestens in einem Jahr einen Motor kaufen können, in zwei Jahren ein zweites Boot, in drei oder vier Jahren vielleicht einen kleinen Kutter haben, mit zwei Booten und dem Kutter würden Sie natürlich viel mehr fangen – eines Tages würden Sie zwei Kutter haben, Sie würden ...«, die Begeisterung verschlägt ihm für ein paar Augenblicke die Stimme. »Sie würden ein kleines Kühlhaus bauen, vielleicht eine Räucherei, später eine Marinadenfabrik, mit einem eigenen Hubschrauber rundfliegen, die Fischschwärme ausmachen und Ihren Kuttern per Funk Anweisungen geben. Sie könnten die Lachsrechte erwerben, ein Fischrestaurant eröffnen, den Hummer ohne Zwischenhändler direkt nach Paris exportieren – und dann ...«, wieder verschlägt die Begeisterung dem Fremden die Sprache.

Kopfschüttelnd, im tiefsten Herzen betrübt, seiner Urlaubsfreude schon fast verlustig, blickt er auf die friedlich hereinrollende Flut, in der die ungefangenen Fische munter springen. »Und dann«, sagt er, aber wieder verschlägt ihm die Erregung die Sprache.

Der Fischer klopft ihm auf den Rücken, wie einem Kind, das sich verschluckt hat. »Was dann?«, fragt er leise. »Dann«, sagt der Fremde mit stiller Begeisterung, »dann könnten Sie beruhigt hier im Hafen sitzen, in der Sonne dösen – und auf das herrliche Meer blicken.«

»Aber das tu' ich ja schon jetzt«, sagt der Fischer, »ich sitze beruhigt am Hafen und döse, nur Ihr Klicken hat mich dabei gestört.«

Tatsächlich zog der solcherlei belehrte Tourist nachdenklich von dannen, denn früher hatte er auch einmal geglaubt, er arbeite, um eines Tages einmal nicht mehr arbeiten zu müssen, und es blieb keine Spur von Mitleid mit dem ärmlich gekleideten Fischer in ihm zurück, nur ein wenig Neid.

Nimm dir Zeit, zu arbeiten – das ist
der Preis des Erfolgs.
Nimm dir Zeit, zu denken – das ist
die Quelle der Macht.
Nimm dir Zeit, zu spielen – das ist
das Geheimnis der ewigen Jugend.
Nimm dir Zeit, zu lesen – das ist
die Grundlage der Weisheit.
Nimm dir Zeit, freundlich zu sein –
das ist der Weg zum Glück.
Nimm dir Zeit, zu träumen – sie
bewegt dein Gefährt zu einem Stern.
Nimm dir Zeit, zu lieben und geliebt
zu werden – das ist das Vorrecht der Götter.
Nimm dir Zeit, dich umzusehen –
der Tag ist zu kurz, um selbstsüchtig zu sein.
Nimm dir Zeit, zu lachen – das ist
die Musik der Seele.

Von der Hoffnung leben wir

Setze das Gute dem Übel gegenüber

DANIEL DEFOE

Ich begann nun, meine Lage und den Zustand, in den ich geraten war, ernsthaft zu überlegen, und machte eine schriftliche Übersicht über die Sachlage, weniger, um sie irgendwelchen Nachkommen zu überlassen, denn es sah nicht so aus, als ob ich viele Erben haben würde, sondern vielmehr, um meine Gedanken, die sich täglich damit abquälten und mein Gemüt belasteten, zu befreien. Und da meine Vernunft langsam Herr über meinen Kleinmut wurde, tröstete ich mich selber, so gut ich konnte, und setzte das Gute dem Übel gegenüber, damit ich meinen gegenwärtigen Zustand von einem noch schlimmeren unterscheiden könnte; ich setzte also ganz unparteiisch, wie Soll und Haben, die Annehmlichkeiten meiner Lage den Leiden und Mühseligkeiten entgegen, und zwar wie folgt:

Übel	**Gut**
Ich bin auf eine einsame Insel verschlagen, ohne Hoffnung, je wieder fortzukommen.	Aber ich bin doch am Leben, und nicht ertrunken wie alle meine Kameraden.

Übel	Gut
Ich bin ausgesondert, unter allen Menschen zu lauter Unglück ausgewählt.	Aber ich wurde auch unter der ganzen Schiffsbesatzung ausgesondert, um dem Tod zu entgehen, und er, der mich auf wunderbare Weise vom Tod errettet hat, kann mir auch aus diesem Zustand helfen.
Ich bin von allen Menschen getrennt, ein Einsiedler, verbannt aus aller menschlichen Gesellschaft.	Aber ich bin doch nicht Hungers gestorben und verdorben an einem unfruchtbaren Ort, der keine Nahrung bietet.
Ich habe keine Kleider, mich zu bedecken.	Aber ich bin in einem heißen Landstrich, wo ich kaum Kleider tragen könnte, auch wenn ich welche hätte.

Ich habe nichts, um mich gegen Überfälle von wilden Tieren oder Menschen zu beschützen.

Aber ich bin auf eine Insel verschlagen worden, wo ich keine wilden Tiere erblicke, die mir schaden könnten, wie ich solche an der Küste von Afrika gesehen. Und wie wär's mir ergangen, wenn ich dort Schiffbruch erlitten hätte?

Ich habe keine Menschenseele, zu der ich sprechen und bei der ich Trost finden könnte.

Aber Gott sandte das Schiff auf wunderbare Weise so nahe an die Küste, dass ich mir viele nötige Dinge daraus holen konnte, durch die ich versorgt bin oder mit deren . Hilfe ich mich werde versorgen können, solange ich lebe.

Sie nennen mich Speckpater

Werenfried van Straaten

Nach meiner ersten persönlichen Begegnung mit der Not des geschlagenen Deutschland kam ich zutiefst erschüttert zurück in die Abtei, wo gerade für flämische Pfarrer Exerzitien gehalten wurden. Man lud mich zu einem Vortrag ein, und ich erzählte anderthalb Stunden lang über das, was ich gesehen und erlebt habe. Danach ging ich mit meinem Hut herum – dem späteren berühmten Millionenhut – und kassierte meine erste Kollekte für die Notleidenden. Eine Anzahl der anwesenden Priester bat mich sofort, in ihrer Pfarrei hierüber zu predigen. Eine dieser Einladungen betraf ein »Kaffeefest« des Bäuerinnenvereins. Der Verein feierte sein goldenes Jubiläum, und außer den Torten, Obstkuchen und Schinkenbroten, die von den feiernden Bauersfrauen verspeist werden sollten, brauchte man einen Festredner: dazu wurde ich ausersehen mit dem Auftrag, den wohlhabenden Bauernstand über die bittere Not, die anderswo erlitten wurde, aufzuklären.

An jenem Nachmittag muss ich ziemlich gut gesprochen haben. Hundertfünfzig dicke Bäuerinnen vergaßen die dampfenden Kaffeekannen und die turmhohen Kuchenstapel und weinten vor Erbarmen mit dem Schicksal der schwergeprüften ehemaligen Feinde. Als ich mein Trommelfeuer auf die empfänglichen Bauersfrauengemüter einstellte, blieben alle stumm. Auch der Pfarrer konnte kein Wort herausbringen, weil ihm dicke Tränen über Backen und Doppelkinn rollten.

Da niemand etwas sagte, erhob ich mich aufs Neue und erklärte aufmunternd, dass jetzt eigentlich der Moment der Kollekte gekommen sei. Pfarrer und Bäuerinnen nickten einstimmig ... Aber mir fiel plötzlich etwas Besseres ein. Ich schlug vor, jede der Anwesenden sollte ein nicht zu klein bemessenes Stück Speck aus dem Kamin holen und es in den nächsten Tagen im Pfarrhaus abliefern. Am Ende der Woche würde ich dann mit einem Auto den Speck abholen. Alle waren einverstanden, und damit hatte die Speckschlacht begonnen. In dieser ersten Pfarrei bekam ich achtundzwanzig Zentner Speck. Ein Pfarrer erzählte es dem anderen weiter, und bald gab es keine Woche mehr, da ich nicht zwei- oder dreimal auf den Kaffeefesten der Bäuerinnen sprach.

Msgr. Cruysberghs, der Präsident des Bauernbundes, hörte sich meinen Vortrag an und schlug vor, die Aktion systematisch über das ganze Land auszudehnen. Er führte mich auf den Tagungen der Organisationsleiterinnen ein und unterstützte meinen Aufruf mit seiner ganzen Autorität und seinem rhetorischen Talent.

Dann begann der lange Zug in die Dörfer und Höfe Flanderns. Mit dem braven alten Vercammen, einem Freund der Abtei, ging es in einem klapprigen Peugeot kreuz und quer durch das Land. Abend für Abend kamen wir heim mit vier- oder fünfhundert Kilo gesalzenem Speck und einem Hut voll Geld, so dass der alte Peugeot in seiner Federung ächzte. Laster kamen aus Flandern und aus dem Limburgischen vollbeladen mit Speck, der vor den Augen der verblüfften Abteibesucher beim Bruder Pförtner abgeliefert wurde. In dem kühlen Abstellraum neben der Küche lag der Speck bald meterhoch. Mit saubergewaschenen bloßen Füßen arbeiteten sich, einmal in der Woche, die Novizen von Tongerlo, bewaffnet mit scharfen Messern, durch diesen Speckberg hindurch und schnitten die Stücke auf Maß, da wir in jener Zeit nur Zwei-Pfund-Pakete nach Deutschland schicken durften –, verpackten sie in Pergamentpapier, dann in Kartons und Kisten, die unter der Flagge von »Caritas Catholica« zu Tausenden nach Deutschland verschickt wurden.

Zur großen Entrüstung meiner seligen Mutter und zum Entsetzen zahlreicher, in Ehrfurcht vor dem heiligen Priestertum erzogener frommer Seelen erhielt ich durch diese erste Aktion einen neuen Namen. Auf einer Großkundgebung in Turnhout nannte mich eine Bauersfrau von enormen Ausmaßen zum ersten Mal »Speckpater«. Eine katholische Zeitung brachte diesen Ehrentitel als fette Schlagzeile über einem Interview, und damit war die Ostpriesterhilfe plötzlich populär.

Ich muss sagen, dass mir dieser neue Name viel in den Kreisen von Viehhändlern und Fleischfabrikanten geholfen hat, mit denen ich in den ersten Jahren der Ostpriesterhilfe besonders freundschaftliche Beziehungen unterhielt. Denn mit *einer* Specksammlung war das Kalorienproblem der deutschen Heimatvertriebenen natürlich nicht gelöst. Eine solche Sammlung konnte übrigens nur im Winter durchgeführt werden, da der Speck im Sommer während der vielen Wochen des Transports sicher verderben würde. Deshalb ersannen wir eine neue Aktion: jeder flämische Bauer bekam einen Brief ins Haus geschickt mit dem Vorschlag, ein Schwein teilweise für die Ostpriesterhilfe zu mästen, das heißt später den Bauch- und Rückenspeck für die Kinder in Not abzutreten.

Jedes angemeldete Schwein erhielt eine besondere Marke und wurde somit zu der Würde eines

»kirchlichen Schweines« erhoben, das für unser Werk wachsen und gedeihen sollte. Wenn die Stunde der großen Schlachtung gekommen war, notierten die Angestellten der Schlachthöfe die Nummern der ostpriesterlichen Schweine und schrieben automatisch den Wert des Bauch- und Rückenspecks dem Bankkonto gut, das wir für die Aktion beim Bauernbund führten. Wir bekamen also nicht den Speck, sondern große Geldsummen, wofür wir wiederum sobald er billiger wurde, Hunderte Tonnen von Speck einkauften, die in einem Kühlhaus in Ostende gelagert wurden.

Dann verhandelte ich auf dem Schlachthof in Antwerpen mit den rauhen Kerlen aus dem Fleisch- und Viehhandel – bei ihnen habe ich das Trinken und auch ein wenig Fluchen gelernt! –, und es gelang mir, für einen symbolischen Preis große Mengen gefrorenes Pferdefleisch aus Argentinien zu kaufen. Ich fand den Konservenfabrikanten, der bereit war, diese Fleisch- und Fettmassen zu »flämischer Schinkenwurst« mit einem Fettgehalt von 52% zu verarbeiten, und ich fand den Blechfabrikanten, der uns gratis das Blech für Hunderttausende von Konservendosen lieferte, die wir fortan Winter und Sommer an die Rucksackpriester und Flüchtlingslager verschicken konnten.

Kleinigkeiten?

HELMUT PUSCHMANN

Nach einem sehr arbeitsreichen Leben waren sie alt geworden. Sie lebten in der früheren DDR. Ihre Wohnung war schön, hatte vier große Zimmer mit hohen Fenstern und mit Kohleheizung. Und das Kohleschleppen vom Keller in die zweite Etage fiel schwerer und schwerer. Der Wunsch nach einer bequemeren Wohnung wurde immer stärker und ging schließlich nach jahrelangen Bemühungen in Erfüllung. Sie bekamen eine Neubauwohnung mit zwei Zimmern, Bad, Zentralheizung, im Zentrum der Stadt gelegen. Die Freude war groß.

Sie mussten sich völlig neu einrichten. Zuschnitt und Größe der Räume waren viel zu klein für die bisherigen Möbel. Er war damals 78, sie 68 Jahre alt. Die Umstellung gelang ihnen sehr gut, denn sie konnten die persönlichen Verbindungen weiter pflegen, weil die bisherigen Freunde erreichbar blieben. Im neuen Haus bildeten sich ebenfalls schnell Kontakte, so dass beide sehr froh und dankbar waren.

In diesem Haus gab es wie überall damals einen Plan für die kleine und die große Hausordnung.

Jeder Wohnungsinhaber hatte seine Woche, in der er »dran« war. Die große Hausordnung umfasste die Reinigung des Kellers und die Beseitigung von Schnee und Eis vor dem Haus.
Jeder hoffte verständlicherweise, dass die Tage des Schneefalls andere treffen würden. Als der alte Herr seinen 80. Geburtstag feierte, gratulierten ihm die Mitbewohner. Was brachten sie mit? Keine Rotwein- oder Sektflasche, sondern die Zusage: Ab sofort brauchen Sie keine große Hausordnung mehr zu machen! Wir, die anderen 17 Mieter, machen für Sie diesen Dienst mit! Dies war ein großartiges Geburtstagsgeschenk für ihn!
Seinen Tageslauf gestaltete das Paar recht praktisch. Die beiden konnten preiswert in der nahe gelegenen Mensa der Universität Mittag essen und hatten die Möglichkeit, mit diesem Wege mehrere Dinge zu verbinden, waren sie doch auf diese Weise jeden Tag für etwa eine Stunde regelmäßig an der Luft. Außerdem führte sie der Weg an einer Kaufhalle vorbei, so dass sie auf dem Rückweg die notwendigen Einkäufe erledigen konnten. Jahrelang ging dies recht gut. Nach und nach fiel es aber schwerer, die Lebensmittel zu schleppen. Dann ereignete sich folgendes:
Eines Tages trug jeder von ihnen einen Beutel mit Lebensmitteln. Auf der Straße sprach sie ein

freundlicher Mann an. Sie hatten ihn schon mehrfach in der Kaufhalle gesehen. Er war also kein völlig fremder Mensch. Nun bot er ihnen an, die Beutel zu tragen, denn er hätte denselben Weg. Sein Arbeitsplatz sei gegenüber ihrer Wohnung. Er habe sie schon häufig gesehen und bemerkt, dass ihnen das Tragen nicht leichtfalle.
Aus dieser kleinen Hilfe entwickelte sich ein enger Kontakt, der zwar immer auf kurze Gespräche bei diesen Begegnungen und auf diese kleinen Hilfen beschränkt blieb, aber für sie eine große Entlastung bedeutete. Sie erzählten dies ganz begeistert ihren auswärts lebenden Kindern. So wurde diesen jener, hilfreiche Mann immer mehr bekannt, ohne dass sie ihn jemals sahen. Dies geschah erst bei der Beerdigung des Vaters acht Jahre nach Beginn dieses helfenden Miteinanders.

Die Tugend des Alltags ist die Hoffnung,
in der man das Mögliche tut
und das Unmögliche Gott zutraut.

Karl Rahner

Gespieltes Wunder

Irmgard Tabea Laps

Immer wieder zieht es mich zu ihm hin. Und das schon über ein Jahr. Ich meine damit Kostja Akimow, den Violinspieler aus Kiew. Kennen gelernt habe ich ihn in der Bahnhofshalle am Bahnhof Zoo. Aber sehr bald wurde er von den Ordnungshütern von dort vertrieben. Nun spielt Kostja schon seit einigen Monaten hier in der Bahnhofshalle an der Friedrichstraße. Inzwischen ist er mir ein guter und vertrauter Freund geworden. Denn sein Violinsolo ergreift und fasziniert mich immer wieder. Ja, ich merkte sehr bald, dieser Kostja Akimow ist nicht nur so ein fiedelnder Bettler, wie es in Berlin viele davon gibt … Nein, bei ihm steckt mehr dahinter. Mit gekonnter Leidenschaft und Hingabe kommt immer wieder sein künstlerisches Können zum Klingen. Welch ein Musiker! Er, Kostja, ganz Mensch und ganz Herz. Schon mit dreizehn Jahren gab er Konzertabende auf seiner Violine. Auch wirkte er mit in Kammermusikensembles, in verschiedenen Orchestern und sogar in Radiosendungen, weit über die Ukraine hinaus …

Schon von weitem habe ich ihn entdeckt. Ich eile auf ihn zu, winke und rufe: »Hallo Kostja! Nun,

ist dein Leben noch frisch?«, frage ich und bleibe in seiner Nähe stehen. Mit angehaltenem Atem lausche ich seinen wunderbaren Geigenklängen. Und die Art wie er spielt, den Bogen führt und in die Saiten drückt und greift, bestätigt mein Wissen: Kostja Akimow ist ein großer Musiker, den die Arbeitslosigkeit hier in die Bahnhofshallen Berlins verschlagen hat.
Kostja hat aufgehört zu spielen. Ich gehe auf ihn zu und reiche ihm die Hand. Er freut sich und gibt mir einen Handkuss. Wir wechseln ein paar Sätze, erzählen uns das Wichtigste und ich entdecke in unserer Nähe eine Holzkiste. Die schleppe ich heran und lasse mich darauf nieder. Dabei denke ich: So, jetzt kann sie weitergehen, die gespielte und geschenkte Zeit. Wenigstens ein halbes Stündchen will ich sie auskosten. Wann schon kriege ich so ein wunderbares Violinsolo geboten? Und wenn – um welchen Preis?
Nun ein kurzes Einstimmen und Kostja beginnt erneut zu spielen … Prokofjew. Ich bin beeindruckt, wie er in die Saiten greift und den Bogen führt. Ja, in eins mit seiner Violine verschmilzt und sie zum Klingen bringt. Meine Bewunderung und Wertschätzung für ihn und seine Musik wird zunehmend größer. Und ich muss denken: Dass es das noch gibt! Heute, im Zeitalter der Techno-Musik?

»Allegro sostentuto!«, ruft mir Kostja zu, mit Augen, als müsse auch hier in der Bahnhofshalle eine Hand sie vor der Sonne schützen, damit die ukrainische Ferne deutlich wird. Aber sein Gesicht ist schmaler geworden, so scheint es mir. Ach, wie schön, ein leichtes Lächeln huscht über seine vollen Lippen, mit denen er mir einen flüchtigen Kuss zuwirft und den ich mit heiterer Gebärde erwidere.
Kostjas Oberkörper ist in leichter Bewegung, und wie feingliedrig seine Finger in die Saiten greifen ... Und es bedrückt mich, wenn ich sehe, wie die Menschen – überwiegend Reisende – ihn kaum beachten und vorbeihasten. Seine Musik hören und doch nicht wahrnehmen. Manche lassen Hartgeld in Kostjas Violinkasten fallen, der zu seinen Füßen aufgeklappt liegt. Mit fünfzig Pfennigen, Ein- und Zweimarkstücken wird er wie ein Bettler abgespeist. Doch Kostja Akimow ist kein Bettler, auch wenn er vor mir in einer verwaschenen Jeansjacke und -hose dasteht.
Sein Violinsolo ist für mich wie ein aufgerissener Himmel, voll Klarheit und Reinheit, das mich demütig werden lässt, vor ihm und meinem großen Gott. Denn jetzt bin ich die Beschenkte ...
Allegro. Ich schließe die Augen und lausche. Nein, Prokofjew übertreibt in seinem Musikwerk nichts. Ach, Kostja, in jenen Augusttagen vor Jah-

ren war es gewesen. Da bin ich in deiner Stadt am Dnjepr langspaziert. Die Wellen des Flusses tanzen und springen, drehen sich im Kreise und lecken den Sand. Aber – Tschernobyl – wie weit bist du eigentlich von Kiew entfernt? Ach, Kostja, was hat man deinem Land angetan? – Ja, und hat nicht dein Vater am Ufer gestanden und vergeblich gefischt? Habe ich das Gesicht deiner Mutter nicht auch gesehen? In der stummen Schlange vor dem kleinen Fleischerladen? Aber auf dem Puschkin-Platz, am herrlichen Springbrunnen, da hab ich bestimmt deine Frau gesehen und dein Töchterchen Katinka hat getanzt. Braune Haut, lockiges Weizenhaar, ein kleiner Wirbelwind. Bunt bestickte Kleider trugen die Mädchen. Im engen Kreise, Anschlag der roten Stiefel. Aufjauchzen der Tänzerinnen! Helles Lachen, sprudelnde Freude, flatternde Tücher und Bänder ... Dann tiefes Verbeugen und Atemholen. Die umsitzenden Frauen und Mütter haben die folkloristischen Lieder mitgesungen und mit mir Beifall geklatscht ...

Doch was ist das? Ich fahre zusammen, öffne die Augen und sehe. Eine Saite ist gerissen. Kostja schrenkt eine neue ein. Dann hebt er die Hand, in der er den Bogen hält und gibt mir ein Zeichen. »Irmgard, nur noch einen Satz von Tschaikowskij in Scherzo«, sagt er. »Dann höre ich für

heute auf. Hab Verabredung mit Musikfreund aus Kiew.«
Ich nicke, trete drei Schritte zurück und nehme erneut auf meiner Holzkiste Platz. Dabei bin ich voller Erwartung.
Kostja greift in sein volles schwarzes Haar, stimmt kurz die Geige und beginnt zu spielen.
Ich versenke mich ganz in die Sprache seines Geigengesangs. Und im fortlaufenden Scherzo ist die Musik für mich wie ein Wildwassersturz, der mir wie ein rauschender Jubel vorkommt. Der Klang seiner Geige entfesselte Wildheit. Ein Tanzen auf Saiten, Springen und Greifen und schluchzendes Weinen … Und der die Musik geschrieben hat, gab der Menschheit ganz neue Töne. Kostjas Solo wühlt mich auf, treibt Tränen in die Augen und entfacht ein Glücksgefühl. Ich möchte es festhalten, nie wieder loslassen, aber …
Plötzlich Pause. Ausgetönt? Ich öffne die Augen, blicke zur Bühne. Doch da ist keine Bühne. Vor mir steht Kostja. Auf seiner Stirn perlt der Schweiß. Und an seinen ruhenden Armen begreife ich, dass der liedhafte Aufschrei des Finales nicht im Konzertsaal ist, sondern in der Bahnhofshalle und in mir.
Ich springe auf, klatsche begeistert Beifall und rufe: »Bravo. Kostja! Bravo! Danke auch! Mensch, Junge, du hast heute wieder gespielt! So hätten

dich deine Natascha und Katinka erleben und hören sollen.« Dann kann ich es mir nicht länger verkneifen und schließe Kostja in meine Arme. Voller Bewunderung blicke ich in sein durchgeistigtes Gesicht, über das ein flüchtiges Lächeln huscht. Aber schon legt er die Stirn in Falten und seine Stimme klingt traurig als er sagt: »Ach, Irmgard, ich hab Heimweh nach zu Hause. Weihnachten ich möchte sein bei Frau und Kind und Familie. Hab' Herzdrücken in meine Brust.« Kostja geht in die Hocke und sammelt das Geld ein ...
Ich neige mich zu ihm herab und frage, wie man nur einen guten Freund fragen kann: »Und, hast du bald das Geld zusammen für Katinka?«
Kostja nickt und verstaut die Münzen in seine Jacken- und Hosentaschen. Dabei sagt er: »Hab gut verdient heute. Wenn Väterchen Frost kommt, dann ich fahren nach Kiew. Und böse Leukämie wird besiegt im Krankenhaus ...«
Ich bin erstaunt mit welcher Überzeugung Kostja das sagt. Aber gleichzeitig kommt in mir eine stille Wehmut hoch. »Ach, Kostja, du wirst mir fehlen«, sage ich zu ihm. »Das vergangene Jahr war eine schöne Zeit mit dir. Und was mache ich ohne deine Violinsolos?«
Kostja schaut mich mit großen Augen an und muss lachen. »Aber Irmgard, kein Problem. Du

kommen geflogen nach Kiew. Und wir feiern großes Fest auf Katinkas Gesundheit«, sagt Kostja, während er vorsichtig seine kostbare Geige in den Kasten packt und mit einem Tuch zudeckt.
Dem kann ich nur zustimmen. Kostjas Zuversicht und sein Glaube lassen auch mich hoffen. Ich reiche ihm zum Abschied die Hand und sage: »Na, dann bleib gesund, bis nächste Woche Dienstag. Da bist du doch wieder hier? Kostja, ich freue mich schon drauf.«
Kostja nickt, gibt mir einen Handkuss und winkt mir noch mit seinem Bogen lebhaft hinterher. Ja, ich sehe es ihm an, er ist zufrieden ...
Ich gehe, ungeachtet der vorbeieilenden Menschen, langsam zum Bahnhofsausgang. Dabei muss ich denken. Dieser Tag war wieder ein Stück Hoffnung. Für Kostja, seine Frau und für sein Töchterchen Katinka. Ja, und auch für mich.

Betrachtung über ein Vogelnest

Johann Peter Hebel

Wenn der geneigte Leser ein Finkennest in die Hand nimmt und betrachtet's, was denkt er dazu? Getraut er sich auch so eins zu stricken, und zwar mit dem Schnabel und mit den Füßen? Der Hausfreund glaubt's schwerlich. Ja er will zugeben: der Mensch vermag viel. Ein geschickter Künstler mit zwanzig feinen künstlichen Instrumentlein kann nach viel misslungenen Versuchen zuletzt etwas herausbringen, das einem Finkennest gleich sieht, und alle, die es sehen, können es von einem wirklichen Nest, das der Vogel gebaut hat, nicht unterscheiden. Alsdann bildet sich der Künstler etwas ein, und meint, jetzt sei er auch ein Fink. Guter Freund, dazu fehlt noch viel. Und wenn ein wahrer Fink, wie du jetzt auch einer zu sein glaubst, dazu käme, und könnte dein Machwerk durchmustern, wie der Zunftherr ein Meisterstück, so würde er den Kopf ein wenig auf die linke Seite drücken und dich mit dem rechten Auge kurios ansehen, und so er menschlich mit dir reden könnte, würde er sagen: »Lieber Mann, das ist kein Finkennest. Ich mag's betrachten, wie ich will, so ist's gar kein Vogelnest. So einfältig und ungeschickt baut kein Vogel. Was gilt's, du Pfuscher hast's selber gemacht!« Das wird zu dem Künstler sagen der Fink.

Ebenso ist es mit einem verachteten Spinnengewebe. Der Mensch kann nie Spinnengewebe machen.

Ebenso ist es mit dem Gespinnst, worein sich ein Raupenwurm sozusagen zu einem Karmeliter oder Franziskaner einkleidet, wenn seine Fasten und seine Reinigung angeht. Ein Mensch kann kein Raupengespinnst machen.

Der Hausfreund will ein Wort mehr sagen. Alle Finkennester in der Welt seh'n einander gleich, wie fast die Kirchen der Jesuiten, vom ersten im Paradies bis zum letzten im Frühling 1813. Keiner hat's vom andern gelernt. Jeder kann's selber. Die Mutter legt ihre Kunst schon in das Ei. Ebenso alle Spinnengewebe, ein jedes nach seiner Art, ebenso jede Franziskanerkutte des Raupengeschlechts in seiner Art. Man weiß es wohl, aber man denkt nicht daran.

Noch ein Wort mehr. Das erste Nest eines Finken ist schon so künstlich, wie sein letztes. Er lernt's nie besser. Ja manches Tierlein braucht sein Gespinnst nur einmal in seinem Leben, und hat nicht viel Zeit dazu. Es wäre übel daran, wenn es zuerst eine ungeschickte Arbeit machen müsste,

und denken wollte: Für dieses Jahr ist's gut genug, übers Jahr mach ich's besser.
Noch ein Wort mehr. Jedes Vogelnest ist ganz vollkommen und ohne Tadel. Nicht zu groß und nicht zu klein, nicht zu wenig daran und nicht zu viel, dauerhaft für den Zweck, wozu es da ist. In der ganzen Natur ist kein Lehrplatz, lauter Meisterstücke. –
Aber der Mensch, was er zur Geschicklichkeit bringen soll, das muss er mit vieler Zeit und Mühe lernen, und bis er's kann, bekommt er manche Ohrfeige von dem Meister, der selber keiner ist. Denn kein menschliches Werk ist vollkommen. Hat der geneigte Leser noch nie eine Uhr gekauft, und wenn er meinte, jetzt geht sie am besten, so blieb sie stehen, oder ein Paar Stiefel, einmal sind sie zu eng, ein andermal zu weit, oder in den ersten acht Tagen wird ein Absatz rebellisch, und will desertieren.
Was sagt der geneigte Leser dazu? Also ist ein Mensch noch weniger als ein Fink? – Nichts nutz! –
Denn erstlich, nicht der Vogel baut sein Nest, und nicht das Würmlein bettet sein Schlafbett, sondern der ewige Schöpfer tut es durch seine unbegreifliche Allmacht und Weisheit, und der Vogel muss nur das Schnäbelein und die Füßlein und sozusagen den Namen dazu hergeben. Des-

wegen kann auch jeder Vogel nur einerlei Nest bauen, wie jeder Baum nur einerlei Blüten und Früchte bringt. Deswegen kann auch der Mensch kein Vogelnest und keine Spinnenwebe nachmachen. Gottes Werke macht niemand nach.
Zweitens, wie der ewige Schöpfer an seinem Ort jedem genannten Geschöpf seine Wohnung bereitet, aber nicht alle auf gleiche Art, dem einen so, dem andern anderst, wie es nach seinem Zwecke und Bedürfnis recht ist, also hat er dem Menschen etwas von seinem göttlichen Verstand lassen in die Seele träufeln, dass er ebenfalls nach seiner eigenen Überlegung für mancherlei Zwecke bauen und hantieren kann, wie er selber glaubt, dass es recht sei. Der Mensch kann ein Schilderhäuslein verfertigen, ein Waschhaus, eine Scheuer, ein Wohnhaus, einen Palast, eine Kirche, jedes nach anderer Weise, item eine Kirchenuhr, item eine Orgel mit 48 Registern, item einen Kalender, was auch etwas heißt. Ein Fink kann nicht zweierlei Nester bauen, er kann keinen Kalender schreiben, noch viel weniger drucken.
Drittens hat der ewige Schöpfer dem Menschen die Gnade verliehen, dass er in allen seinen Geschäften unten anfangen und sie durch eigenes Nachdenken, durch eigenen Fleiß und Übung bis nahe an die Vollkommenheit der gött-

lichen Werke selber hinbringen kann, wenn schon nie ganz. Das ist seine Ehre und sein Ruhm. Kannst du den Vers, sagte einmal der Hausfreund zu dem Büblein des Herrn Geigers:

»Gott, du hast der Freuden Fülle? –«

Das Büblein fuhr fort:

»Denn dein Verstand ist licht. Dein Wille
ist Wahrheit und Gerechtigkeit.
Du liebest mit stets gleicher Stärke
das Gute nur, und deine Werke
sind Ordnung und Vollkommenheit.
O, bilde mich nach dir, – –«

»Sieh Kind«, sagte der Hausfreund und kam sich selber fast vor wie ein Pfarrherr in der Kinderlehre, so er doch keiner ist und möschene Knöpfe auf dem Rocke trägt, »sieh«, sagte er, »das ist das schöne Ebenbild Gottes in seinem ganzen Gehalt, woran der Mensch sein Leben lang durch Nachdenken, nicht nur durch Lernen und Frömmigkeit, sondern auch durch Fleiß und Geschicklichkeit in seinem Beruf zu erwerben und zu erhausen hat. Gesetzt«, sagte er, »du lernst ein Handwerk, oder wirst ein Schreiber, oder ein Pfarrer, oder es kommt einmal an dich, statt deines Vaters den Kalender zu drucken, so sollst du dich ebenfalls bemühen, all deinem Werk und

Tun das Siegel der Vollkommenheit zu geben, dass zuletzt kein anderer Mensch mehr das nämliche in seiner Art so gut machen kann als du. Du musst nicht einen Jahrgang schön drucken, den andern schlecht; du musst nicht an einem Sonntag gut predigen, am andern oben weg aus dem Ärmel. Denn Gott liebt mit stets gleicher Stärke das Gute nur. – Alsdann wartet auch der Freuden Fülle auf dich. Dem Menschen kann keine reinere Freude werden als die Vollkommenheit seiner Werke, wenn jedermann gesteh'n und bekennen muss und er selber sagen oder denken kann, sie sind recht. Denn selbst die Fülle der göttlichen Freude kann nicht anders sein als die Vollkommenheit seiner Werke.«
Da hielt das Büblein die Hände gegen den Himmel und sagte:
»O, bilde mich nach dir –«
Aus einem solchen Kind kann etwas werden.

Glauben Sie an Engel?

Johannes Kuhn

Ich hatte den Zug verpasst und wusste, dass es eine ganze Zeit dauern würde, bis ich wieder Anschluss finden konnte. Im Wartesaal war ich zunächst ein bisschen unschlüssig, wohin ich mich setzen sollte. Schließlich entschied ich mich für einen Tisch in der Ecke und ließ mich dort nieder. Draußen zog ein winterlicher Sturm auf. Es heulte nur so ums Bahnhofsgebäude herum. Vielleicht war es dies, was meinen Nachbarn am Tisch dazu brachte, nach einigem Räuspern mit mir ein Gespräch anzufangen und schließlich seine Geschichte zu erzählen:

»Es ist ein paar Jahre her, dass ich nach ziemlich anstrengenden Wochen in den Spessart fuhr, um mal so richtig auszuschnaufen. Mit dem D-Zug bis Frankfurt und dann von da aus mit dem Personenzug Richtung Aschaffenburg, hinauf in den Spessart. Schon in der Nacht vom dreiundzwanzigsten auf den vierundzwanzigsten Dezember war es kälter geworden, und am vierundzwanzigsten morgens fing es an zu schneien.

Von Frankfurt an waren einige Leute mit mir im Abteil zusammen. Zunächst beteiligte ich mich nicht an ihren Gesprächen. Aber später – man konnte gar nicht anders – gab ein Wort das andere. Und so erfuhr ich manches von dieser schönen Spessartgegend. Von Station zu Station wurden es weniger, die mit uns fuhren. Zuletzt waren außer mir nur noch zwei Leute im Abteil. Und als ich mich erkundigte, wie lange es noch dauern würde, da sagten sie mir: ›Nun, ungefähr fünfzehn bis zwanzig Minuten, dann sind Sie da.‹ Als sie beide ausstiegen, drehte sich einer von ihnen noch einmal um und sagte: ›Also jetzt, wenn der Zug wieder hält – bei der nächsten Station –, dann müssen Sie aussteigen.‹

Der Zug fuhr weiter, und ich war nun sehr gespannt darauf, was mich da erwarten würde. Vorsichtshalber zog ich mir den Mantel an und machte mich fertig, um gleich bereit zu sein, wenn der Zug hielt. Und es dauerte auch nicht lange, da ruckte er plötzlich und stand. Ich öffnete die Tür – noch immer dichtes Schneetreiben.

Ich schaute nach unten, der Zug war ziemlich lang. So ein kleiner Bahnhof wird nicht viel Bahnsteig haben, dachte ich; ich kletterte runter, einen Koffer in der Hand, eine Tasche über der Schulter, und als ich mich ein wenig orientieren wollte, ruckte der Zug wieder an und fuhr los. Ich schrie: ›Halt, halt! Ich muss noch mit! Hier ist ja gar kein Bahnhof‹. Aber der Zug war schon so im

Rollen, dass ich nicht mehr aufspringen konnte. Da stand ich nun und sah nur noch die roten Lichter verschwinden. Na, zuerst einmal habe ich geschimpft: So ein Blödsinn, hier in der Nacht auszusteigen! Aber schließlich war ich derjenige, der sich zu genau an die Formulierung: ›Beim nächsten Halten müssen Sie schnell aussteigen, der Zug hält nur kurz‹ gehalten hatte. Ein bisschen verstört war ich schon. Was sollte ich jetzt machen? In dem Schneegestöber war weit und breit kein Licht zu sehen.
Ich stapfte durch den Schnee, immer an den Gleisen entlang. Es läuft sich gar nicht so einfach, wenn man von Schwelle zu Schwelle Schritte macht; und schon gar nicht gut balanciert es sich auf den eisernen Schienen. Dabei musste ich ja immer noch ein Ohr nach hinten haben, um einen eventuell kommenden Zug nicht zu überhören. Zuerst ging's ja noch. Aber das Gewicht des Koffers wurde immer schwerer. Immer häufiger musste ich eine Verschnaufpause einlegen. Wenigstens wurde es nun mit dem Schneetreiben besser. Bald hörte es ganz auf, und ich konnte wenigstens einige Konturen erkennen. Rechts und links Felder, die begrenzt waren von den dunklen Wäldern. Jetzt riss sogar der Himmel auf, und Mondschein huschte über den Schnee. In seinem Licht sah ich, gar nicht weit

entfernt, einen Viadukt. Na, dachte ich, dort muss doch irgendeine Straße sein.
Plötzlich blieb ich wie angewurzelt stehen. Denn aus dem Schatten hatte sich eine Gestalt gelöst und war ein paar Schritte in das Mondlicht getreten, so dass ich sie nicht übersehen konnte. Ich erschrak. Was macht der hier um diese Zeit? Was hat der vor? Ich blieb stehen und rief die Gestalt an: ›Hallo, hallo, wer sind Sie?‹ Und ich rief meine kleine Geschichte in die Nacht hinaus zu ihm hin: ›Ich bin hier zu früh ausgestiegen und laufe jetzt schon eine ganze Weile die Schienen entlang. Ich möchte nach H. Können Sie mir helfen? Bitte!‹ Keine Antwort. Aber die Gestalt tat auch keinen Schritt vom Fleck. Hatte ich mich doch getäuscht? War's nur irgendein Strauch? Ein bisschen bizarr überzuckert vom Schnee, der mit seinem Schattenwurf einer Gestalt glich? Ich ging ein paar Schritte weiter.
Da bewegte sich der Schatten, kam den Bahndamm herunter – jetzt wusste ich, es war ein Mensch in dieser weiten Einsamkeit. In dieser Nacht, wo eigentlich der Mensch dem Menschen nicht fremd sein sollte. Ich rief ihn wieder an: ›Bitte, helfen Sie mir!‹ Noch immer keine Antwort. Aber die Gestalt blieb stehen. Nun konnte ich beim Näherkommen erkennen: ein Mann mit

einem tief ins Gesicht gezogenen Hut, Lodenmantel an. ›Ich bitte um Verzeihung, wenn ich Sie gestört habe. Aber ich bin in einer blöden Situation und brauche dringend Hilfe. Seien Sie freundlich und zeigen Sie mir den Weg nach H.‹ Ich machte noch ein paar Schritte auf ihn zu und stellte dann meinen Koffer stumm vor ihm nieder. Ich schaute das Gesicht des Mannes an – er mochte an die Vierzig oder drum herum sein –, ein verkniffenes Gesicht, und ich wiederholte meine Bitte. Er brummte etwas in sich hinein, nahm meinen Koffer auf, und so gingen wir zunächst einmal vom Bahndamm weg zu der Straße hin, die über den Viadukt führte. In meiner Freude, jemanden gefunden zu haben, sprudelte ich nur so heraus: ›Was bin ich Ihnen dankbar, dass Sie hier waren. Sie schickt der Himmel! Ich weiß nicht, ob ich das bis nach H. geschafft hätte, allein, auf den Gleisen entlang. Ein Glück, dass ich Sie getroffen habe! Damit hätte ich kaum zu rechnen gewagt.‹ Er sagte noch immer nichts. Mir wurde das langsam unheimlich. Nur immer so ein Brummen, ›hm, hm‹ und ›da lang‹. Nun, ich wollte sein Schweigen respektieren und sagte auch nichts mehr. Und so gingen wir hintereinander her.
Nach ein paar hundert Metern kamen wir um eine Straßenkurve, und da stand ein abgestelltes

Auto. ›Ist wohl Ihres‹, sagte ich. Und er nickte mit dem Kopf. Er öffnete den Kofferraum des Wagens, legte mein Gepäck hinein, und mit einer Handbewegung, wiederum ohne etwas zu sagen, öffnete er die Tür neben dem Fahrersitz und ließ mich Platz nehmen. Er setzte sich ans Steuer, ließ den Wagen an, und dann fuhren wir auf der verschneiten Straße langsam voran.

Plötzlich, ganz unvermittelt, fragte er mich: ›Glauben Sie an Engel?‹ Ich war ganz perplex – nach so langem Schweigen, nach so viel Zurückhaltung jetzt solch eine Frage. ›Ja, schon‹, erwiderte ich. ›An so einem Abend, da ist einem das ja auch viel näher als sonst. Jetzt, wo da und dort die Weihnachtsgeschichte gelesen wird, von den Hirten und Engeln …‹ Ich weiß nicht, was ich noch alles hinzufügte. Plötzlich unterbrach er mich und vertiefte seine Frage von vorhin: ›Glauben Sie an Engel – heute?‹ – ›Ich weiß nicht recht‹, sagte ich. ›Engel heute?‹ Zögernd sagte ich das, spürte aber wohl, dass er auf mehr wartete. Und ich fuhr fort: ›Ja, Engel heute – wissen Sie, vielleicht so, dass wir es gar nicht mehr merken, weil sie uns nicht in jener Lichtgestalt begegnen wie damals auf den Feldern von Betlehem. Es mag schon sein, dass mancher da einem Engel begegnet. Etwas, was ihn bewahrt. Oder was ihn führt. Oder …‹ Und da platzte er plötzlich heraus: ›So einer sind Sie für

mich heute! Sie werden das kaum glauben!‹ – ›Ich? Wieso?‹, fragte ich zurück.
Und dann erzählte er – zunächst zögernd, dann immer ausführlicher: ›Ich bin heute an die Bahnlinie gefahren, habe mein Auto dort hingestellt – und wollte mich umbringen. Ich hielt es einfach nicht mehr aus, das Leben. Ich lebe allein, müssen Sie wissen. Und war heute an so einem Tiefpunkt angelangt, dass ich gedacht habe: Mach doch einfach Schluss!‹ Und dann sprach er davon, was ihn alles dazu getrieben hatte, diesen Entschluss zu fassen. Und er endete damit: ›Dann kamen Sie – gerade im richtigen Augenblick für mich. Und merkwürdig, Sie riefen mich an, dass ich Ihnen helfen sollte. Mich, der entschlossen war, Schluss zu machen!‹ Und er schüttelte den Kopf so, als könnte er noch immer nicht glauben, was ihm widerfahren war: ›Mir, am Heiligen Abend – ein Engel begegnet!‹
Und zum ersten Mal sprach er von Gott und sagte: ›Hat der liebe Gott mich doch nicht im Stich gelassen!‹
Viel haben wir hinterher nicht mehr geredet. Er fuhr mich bis zu dem Ort und ließ mich dann am Marktplatz aussteigen, zeigte mir die Richtung, wo der Gasthof war, stieg wieder in sein Auto und rief: ›Danke, Sie glauben gar nicht, wie dankbar ich Ihnen bin!‹ – und fuhr davon.

Diesen Heiligen Abend werde ich mein Leben lang nicht vergessen. Und manchmal denke ich, auf welch seltsame Weise Wege ineinander verschlungen werden und Begegnungen stattfinden, die man sich nicht ausgesucht hat. Und ich denke an ihn, diesen etwa Vierzigjährigen, der in die Nacht davonfuhr. Aber es war die Nacht, in der Menschen einander zusingen: ›Christ, der Retter, ist da.‹«
Diese Geschichte erzählte mir mein Tischnachbar, damals, im Wartesaal, als ich meinen Zug verpasst hatte. Es ist schon Jahre her, aber ich kann sie nicht vergessen.

Mögen die Engel Gottes
immer bei dir sein,
dich schützend begleiten
auf dem Weg durch den Tag,
vom ersten Hahnenschrei
bis zum Aufzug des Mondes,
auf dem Weg durch das Jahr,
vom Aufblühen der Knospen
bis zur Ernte,
auf dem Weg durch das Leben,
vom Kind bis zum Greis.

Irischer Segenswunsch

Kerzen vor der Nikolaikirche

NACH EINEM BERICHT VON CHRISTIAN FÜHRER,
PFARRER AN DER NIKOLAIKIRCHE IN LEIPZIG

Als der Zug den Bahnhof wieder verließ, waren sie nur noch zu zweit im Abteil, ein Mann und eine Frau, beide schweigend in ein Buch vertieft. Ab und zu hob die Frau beim Umblättern den Kopf, warf heimlich einen kurzen Blick auf den Mann, um danach rasch wieder zu ihrem Buch zurückzukehren.

Erst als der Zug plötzlich auf freier Strecke die Fahrt verlangsamte und schließlich anhielt, kamen die beiden Reisenden miteinander ins Gespräch. Der Mann stand auf, öffnete das Fenster und schaute hinaus.

»Nichts zu sehen«, stellte er fest.

»Vielleicht ein Kurzschluss in der Oberleitung«, vermutete die Frau. Der Mann schob das Fenster wieder hoch.

»Oder ein Maschinenschaden«, sagte er. »Das kann dauern.«

Danach schwiegen sie wieder, schauten unschlüssig aus dem Fenster und warteten.

Schließlich schlug die Frau ihr Buch zu, legte es neben sich auf den Sitz und sagte mit einem

leicht verlegenen Unterton in der Stimme: »Übrigens – ich kenne Sie! Sie sind doch der Pfarrer von der Nikolaikirche in Leipzig!«
Der Mann nickte überrascht. In Leipzig passierte es oft, dass er von fremden Leuten angesprochen wurde, aber hier im Zug zwischen Magdeburg und Hannover ...
Die Frau sah ihn an und lächelte.
»Ich war kurz vor dem Zusammenbruch der DDR drei Wochen zu Besuch bei einer Kusine in Leipzig«, erklärte sie. »Sie hatte mich zu ihrem 50. Geburtstag eingeladen, September 89! Für mich war das eine Gelegenheit, die ganze ›Ostverwandtschaft‹ einmal wiederzusehen.
Aber natürlich war ich auch neugierig, wie meine Verwandten über die Turbulenzen in der DDR dachten, von denen man durch Zeitung und Fernsehen gehört hatte: Botschaftsflüchtlinge in Prag, Massenflucht über die offene Grenze in Ungarn, Demonstrationen – Sie wissen ja besser als ich, was damals alles los war.« Sie unterbrach sich für einen Augenblick, damit er sie bestätigen konnte. Da er nichts sagte, fuhr sie fort: »Meine Kusine hat mich gleich am ersten Montag zum Friedensgebet in die Nikolaikirche mitgenommen. Von daher kenne ich Sie.«
Sie sah ihn wieder an und er nickte noch einmal.
»Nach dem Friedensgebet gingen meine Kusine

und ich bei der Demonstration mit«, erzählte sie weiter. »Für mich war eine Demonstration eigentlich nicht so etwas Besonderes, ich hatte schon einige mitgemacht – gegen den Krieg in Vietnam, gegen den Nachrüstungsbeschluss damals im Bonner Hofgarten … Als jemand aus dem Westen sah ich auch keine Gefahr für mich. Aber ich muss sagen, mir war beklommen zumute. Überall wimmelte es von Polizisten mit Schilden und Schlagstöcken und scharfen Hunden. Im Westen war es bei Demonstrationen die Aufgabe der Polizisten, für einen reibungslosen Ablauf zu sorgen. Aber hier fühlte man sich durch das Polizeiaufgebot massiv bedroht. Nichts von wegen ›dein Freund und Helfer‹! Meine Kusine erzählte mir, dass die Tochter einer Arbeitskollegin in der Woche vorher bei der Montagsdemonstration von der Polizei einfach herausgegriffen und mit anderen wahllos Verhafteten auf einem Lastwagen abtransportiert worden war. Sie wurde verhört, beschimpft und bedroht und über zwanzig Stunden festgehalten. ›Zugeführt‹ hieß das, erklärte meine Kusine. Das arme Mädchen war danach total verunsichert.«
Der Pfarrer hatte schweigend zugehört. Er kannte diese Geschichten – alle, die schrecklichen und auch die anderen, die tröstlichen, in denen Männer und Frauen Mut und Menschlichkeit

gezeigt und der Staatsmacht die Stirn geboten hatten. Jetzt räusperte er sich und sagte:
»Ja, da sind schlimme Dinge passiert. Wir waren alle schockiert, mit welcher Brutalität junge Menschen behandelt wurden, die selbst keinerlei Gewalt angewandt hatten. Je mehr sich die Lage zuspitzte, desto mehr solcher ›Zuführungen‹ gab es. Die Menschen sollten eingeschüchtert werden. Natürlich überlegten wir, was wir tun konnten, um sie zu schützen. Aus den Basisgruppen kam schließlich der Vorschlag: ›Bevor du im Lastwagen verschwindest, schreie deinen Namen auf die Straße! Irgendeiner kennt dich oder hört deinen Namen und schreibt ihn auf. Und du, Pfarrer, gehst nach dem Friedensgebet ins Pfarramt. Dort geben wir die Namen ab.‹
So machten wir es. Eine Liste, natürlich unvollständig, mit den Namen der Inhaftierten entstand. Nachts telefonierten die Basisgruppenleute mit den beiden Kirchenanwälten de Maiziere und Schnur. Und am nächsten Morgen setzten sich die Superintendenten Magirius und Richter mit den staatlichen Stellen in Verbindung. ›Folgende Jugendliche sind heute Nacht nicht nach Hause gekommen ...!‹ Die Namensliste hängten wir an unsere Infowand in der Kirche, sodass jeder sich informieren konnte, ob jemand, den er kannte, unter den Verhafteten war.

Die Frau dachte an die Arbeitskollegin ihrer Kusine, die fast verzweifelt war, weil sie nicht wusste, was mit ihr geschehen war, und sagte: »Gut! Das war eine gute Idee!«

»Ja! Das hat sehr vielen geholfen«, erwiderte der Pfarrer. Und nach einer kurzen Pause, in der ihm noch einmal die Ereignisse jener Wochen durch den Kopf gingen, fügte er hinzu: »Bald kamen Jugendliche auf den Einfall, die Namen der Inhaftierten auf Zeichenkarton zu schreiben und hinter die Ziergitter der Kirchenfenster neben dem Eingang zu heften. Nachts kam die Stasi und versuchte die Liste abzureißen. Das spornte die Jugendlichen an, eine noch größere Liste zu schreiben und sie noch höher zu hängen.«

»Gut!«, rief die Frau. »Sehr gut!«

»Schließlich blieb die Namensliste hängen. Und auf einmal tauchten Blumen auf, am Gitter befestigt, neben die Namen gesteckt. Kerzen wurden auf den Bürgersteig gestellt und schließlich sogar eine Vase mit Blumen und Schleifen und der Aufschrift: ›Kopf hoch, Maik! Dein Arbeitskollektiv!‹ Das war wunderbar, so etwas hatten wir bis dahin nie erlebt: Tag für Tag, Tag und Nacht, kamen Menschen, brachten Blumen, zündeten Kerzen an, blieben stehen, sprachen miteinander.«

Die Frau überlegte, ob sie es gewagt hätte, sich auf diese Weise zu bekennen. Man wusste ja nie, wer einem zusah und zuhörte. Und was einem danach passierte.

»Es gehörte viel Mut dazu, nicht wahr?«, sagte sie mehr zu sich selbst. Der Pfarrer nickte.

»Ja! Denn natürlich war den staatlichen Behörden all dies ein Dorn im Auge. Den Montag als ›Chaostag‹ glaubten sie ›im Griff‹ zu haben, wie auch immer. Aber nun war da jeden Tag dieser Anblick, fünf Minuten vom Hauptbahnhof entfernt, mitten in der Stadt, als permanente Anfrage: Was für ein Staat ist das, der friedliche Bürger wahllos ohne jede Begründung, ohne Haftbefehl, festnimmt und rüde behandelt?

Bald bekam ich einen Anruf vom Rat der Stadt: ›Herr Pfarrer, Sie sind für Ordnung und Sicherheit vor Ihrer Kirche verantwortlich. Räumen Sie die Blumen weg! Entfernen Sie die Kerzen und Wachsreste vom Bürgersteig, damit ältere Bürger nicht ausrutschen.‹ Darauf ich: ›Sie haben uns schon so gut wie alles verboten. Trauer und Schmerz lassen wir uns nicht auch noch verbieten. Räumen Sie es selber weg!‹«

Die Frau erschrocken: »Aber –. Und dann?«

»Dann kam die Stadtreinigung mit Schaufeln und Besen. Nachts! Ich konnte es vom Balkon unserer Wohnung aus sehen. Ich erinnere mich noch, wie ich voll Trauer dachte: Jetzt haben sie uns überlistet.

Die Frauen und Männer erledigten ordentlich ihren Auftrag, räumten die verwelkten Blumen weg, säuberten den Bürgersteig vor der Kirche von Wachs und Kerzen.
Aber dann, zu meiner Verwunderung, nahmen sie plötzlich aus dem Kerzenresthaufen alle Kerzen, die noch zu gebrauchen waren, säuberten sie, zündeten sie an und stellten sie in die Kirchenfenster!
Ein tiefes Gefühl der Freude überkam mich: So geht das jetzt!, dachte ich. Die Menschen fragen nicht mehr: ›Dürfen wir das?‹ Sie fragen nicht nach einem Vorgesetzten, der für sie entscheidet. Sie denken selbst, entscheiden selbst, handeln selbst! Das war die eigentliche Revolution: Diese Veränderung, die mit den Menschen geschah …«
Der Pfarrer lächelte in der Erinnerung an das nächtliche Erlebnis vor der Nikolaikirche und fügte hinzu: »Frauen und Männer wie diese, deren Namen man in keinem Geschichtsbuch lesen wird, haben die friedliche Revolution im Herbst 89 möglich gemacht.«
Er lehnte sich zurück und schwieg. »Ich jedenfalls kann diesen Vorfall nicht vergessen.«
Die Frau schwieg auch. Beide hingen ihren Gedanken nach und ließen die Bilder an sich vorüberziehen, die sie sich von den Ereignissen

jener Wochen aufbewahrt hatten. Darüber entging ihnen der leichte, kaum spürbare Ruck, der durch den Wagen zitterte, und erst eine geraume Weile später bemerkten sie, dass der Zug sich wieder in Bewegung gesetzt hatte.

Hoffnung ist nicht die Überzeugung,
dass etwas gut ausgeht, sondern
die Gewissheit, dass etwas Sinn hat,
egal wie es ausgeht.

VÁCLAV HAVEL

Dem Glücklichen schlägt keine Stunde

Glück oder Unglück

Gerhard Schöne

War ein Bäuerlein,
hatte nur ein Pferd.
Lief das Pferd davon
und ist nicht heimgekehrt.
Kamen alle Nachbarn an,
klagten laut: »Du armer Mann!
So ein Unglück! So ein Unglück!
So ein Unglück, nein!«
Doch das Bäuerlein sprach leis:
»Ob's ein Unglück ist, wer weiß?
Morgen bin ich schlauer.«

Als das Pferd tags drauf
durch das Hoftor schritt,
brachte es dem Bäuerlein
noch ein Wildpferd mit.
Kamen alle Nachbarn an,
freuten sich: »Du guter Mann!
So ein Glück, hej! So ein Glück, hej!
So ein Glück, hej, hej!«
Doch das Bäuerlein sprach leis:
»Ob's ein Glück ist, nun, wer weiß?
Morgen bin ich schlauer.«

Und des Bauern Sohn
ritt das Wildpferd ein.
Stürzte von dem Pferd
und brach sich ein Bein.
Kamen alle Nachbarn an,
klagten laut: »Du armer Mann!
So ein Unglück! So ein Unglück!
So ein Unglück, nein!«
Doch das Bäuerlein sprach leis:
»Ob's ein Unglück ist, wer weiß?
Morgen bin ich schlauer.«

Als ein Krieg im Land ausbrach,
zog man die Burschen ein.
Nur des Bauern Jungen nicht
mit dem gebrochnen Bein.
Kamen alle Nachbarn an,
freuten sich: »Du guter Mann!
So ein Glück, hej! So ein Glück, hej!
So ein Glück, hej, hej!«
Doch das Bäuerlein sprach leis:
»Ob's ein Glück ist, nun, wer weiß?
Morgen bin ich schlauer.«

Dein Verhängnis ist
doch vielleicht dein Glück?
Und dein Hauptgewinn
bricht dir das Genick?

Sei heut' zufrieden, dass du lebst
und noch einen Finger hebst.
Morgen oder übermorgen
oder überübermorgen kommt er doch:
der Tod.

Glückseligkeit

Wolfgang Amadeus Mozart

Ich danke meinem Gott, dass er mir das Glück gegönnt hat, ihn als Schlüssel zu unserer wahren Glückseligkeit kennenzulernen.
Ich lege mich nie zu Bett, ohne zu bedenken, dass ich vielleicht den anderen Tag nicht mehr sein werde, und es wird doch kein Mensch sagen können, dass ich im Umgang mürrisch und traurig wäre. Für die Glückseligkeit danke ich alle Tage meinem Schöpfer.

Der Zar und das Hemd

LEO TOLSTOI

Ein Zar lag schwer krank danieder und versprach: »Die Hälfte meines Reiches will ich dem geben, der mich wieder gesund macht!«
Da versammelten sich alle Weisen des Landes und beratschlagten, wie sie den Zaren heilen könnten. Aber niemand wusste Rat. Nur ein Weiser erklärte: »Wenn man einen glücklichen Menschen findet, ihm sein Hemd auszieht und es dem Zaren anlegt, dann wird der Zar genesen.«
Daraufhin schickte der Zar Boten aus, die in seinem weiten Reich einen glücklichen Menschen suchen sollten.
Aber es gab keinen einzigen Menschen, der mit allem wahrhaft zufrieden und deshalb glücklich gewesen wäre. Der eine war zwar gesund, aber sehr arm dabei. Und wenn einer sowohl gesund wie reich war, dann taugte seine Frau nichts, oder seine Kinder waren nicht geraten. Kurz – alle hatten Grund, sich über etwas zu beklagen.
Da ging einmal spät am Abend der Zarensohn an einer armseligen Hütte vorüber, und er hörte, wie drinnen jemand sagte: »Nun ist Gott sei Dank meine Arbeit geschafft, ich habe gut ver-

dient, ich bin satt und kann mich nun ruhig schlafen legen. Was wünsche ich noch? Ich wüsste es nicht!« Den Zarensohn erfasste eine große Freude. Nach seiner Rückkehr in den Palast befahl er, diesem Manne sein Hemd auszuziehen und ihm dafür so viel Geld zu geben, wie er nur wünschte, und dem Zaren das Hemd zu überbringen.
Die Boten eilten zu dem glücklichen Menschen, um ihm gegen schweres Gold sein Hemd einzutauschen. Aber der Glückliche war so arm, dass er gar kein Hemd hatte ...

Vergiss nicht:
Man benötigt nur wenig,
um ein glückliches Leben
zu führen!

Marc Aurel

Wer war die Glücklichste?

HANS CHRISTIAN ANDERSEN

»Welch schöne Rosen!«, sagte der Sonnenschein. »Und jede Knospe wird sich entfalten und ebenso schön werden. Das sind meine Kinder! Meine Küsse haben sie belebt.«

»Meine Kinder sind es«, sagte der Tau; »ich habe sie mit meinen Tränen gesäugt.«

»Ich sollte doch meinen, dass ich ihre Mutter sei«, sagte die Rosenhecke; »ihr andern seid nur Gevattern, die nach Vermögen und gutem Willen ein Patengeschenk gaben.«

»Meine lieblichen Rosenkinder!«, sagten sie alle drei und wünschten jeder Blume das schönste Glück; aber eine nur konnte die Glücklichste, eine musste die am wenigsten Glückliche werden – aber welche von ihnen?

»Das will ich schon zu wissen bekommen«, sagte der Wind; »ich jage weit umher, dränge mich in die engste Ritze und weiß außen und innen Bescheid.«

Jede der aufgeblühten Rosen hörte, was gesagt wurde, jede schwellende Knospe vernahm es.

Da kam eine tiefbetrübte liebevolle, in Trauerkleider gehüllte Mutter in den Garten; sie pflückte eine von den Rosen, die halb erblüht, frisch und voll war und welche ihr die schönste von allen zu sein schien. Sie trug die Blume in die stille, schweigsame Kammer, wo vor wenigen Tagen noch die junge, lebensfrohe Tochter sich bewegte, welche jetzt, einem schlafenden Marmorbilde gleich, in dem schwarzen Sarge lag. Die Mutter küsste die Tote, küsste darauf die halberblühte Rose und legte diese auf die Brust des jungen Mädchens, als ob sie durch ihre Frische und den Kuss der Mutter ihr Herz wieder schlagen machen könnte.

Die Rose schien zu schwellen; jedes Blatt bebte in freudigen Gedanken. »Welch ein Weg der Liebe ist mir vergönnt! Ich werde wie ein Menschenkind, ich bekomme einen Mutterkuss, ich empfange ein Segenswort, und ich gehe mit in das unbekannte Reich, träumend an der Brust der Toten! Gewiss, ich wurde die Glücklichste von allen meinen Schwestern!«

In dem Garten, in welchem der Rosenbusch stand, ging auch die alte Gärtnerin. Auch sie betrachtete die Herrlichkeit des Rosenstrauches, und ihr Auge haftete auf der größten voll erblühten Rose. Ein Tautropfen und ein warmer Tag – und die Blätter würden fallen. Das sah die Frau und fand, dass die Rose, welche den Gipfel ihrer Schönheit erreicht hatte, auch Nutzen bringen

müsse. Sie pflückte sie also und legte sie zwischen ein Zeitungsblatt, um sie mit nach Hause zu andern entblätterten Rosen zu nehmen, um Potpourri davon zu machen, in Gesellschaft mit den kleinen blauen Burschen, die man Lavendel nennt, und sie mit Salz einzubalsamieren. Balsamiert, das werden nur Rosen und Könige.
»Ich werde am höchsten geehrt!«, sagte die Rose, als die Gärtnerin sie pflückte. »Ich werde die Glücklichste! Ich werde balsamiert werden.«
Zwei junge Männer traten in den Garten, der eine war ein Maler, der andere ein Dichter. Jeder pflückte eine Rose, schön anzusehen.
Und der Maler gab der Leinwand ein Bild der blühenden Rose, so treu, dass diese sich im Spiegel zu sehen glaubte.
»So«, sagte der Maler, »soll sie viele Menschenalter leben, während Millionen und abermals Millionen Rosen welken und sterben.«
»Ich bin die Begünstigste«, sagte die Rose; »ich gewann des größte Glück!«
Der Dichter betrachtete seine Rose, schrieb ein Gedicht von ihr, eine ganze Mysterie, alles, was er von jedem einzelnen Blatt der Rose las: »Das Bilderbuch der Liebe«; es war eine unsterbliche Dichtung.
»Mit ihr bin ich unsterblich«, sagte die Rose. »Ich bin die Glücklichste!«

Unter all der Pracht von Rosen war noch eine, welche fast vor den andern verborgen saß. Zufällig – zum Glück vielleicht – hatte sie ein Gebrechen; sie saß schief auf dem Stengel, und die Blätter der einen Seite entsprachen denen der andern nicht, ja, mitten aus der Blume heraus wuchs sogar ein kleines, verkrüppeltes grünes Blatt. Das kommt wohl zuweilen bei Rosen vor.

»Armes Kind«, sagte der Wind und küsste ihre Wange. Die Rose glaubte, das sei ein Gruß, ein Liebesgruß; sie hatte ein Bewusstsein davon, dass sie etwas anders geschaffen sei als die andern Rosen und dass ein grünes Blatt mitten aus ihrem Innern herauswachse, und sie betrachtete das als eine Auszeichnung. Ein Schmetterling flatterte auf ihre Blätter herab und küsste sie: das war ein Freier; sie ließ ihn wieder fliegen. Dann kam ein gewaltig großer Grashüpfer; der setzte sich richtig genug auf eine andere Rose und rieb verliebt sein Schienbein (das ist bei den Grashüpfern ein Liebeszeichen); die Rose, auf welcher er saß, verstand es nicht, aber die Rose mit dem auszeichnenden grünen Blatte in ihrer Mitte verstand es, denn der Grashüpfer betrachtete sie mit Augen, welche sagten: »Ich könnte dich vor Liebe fressen!« Und weiter kann die Liebe doch nicht gehen: einer geht in dem andern auf! Aber die Rose wollte nicht in dem

Springinsfeld aufgehen. Die Nachtigall sang in der sternenklaren Nacht.

»Die singt für mich allein!«, sagte die Rose mit dem Gebrechen oder der Auszeichnung. »Weshalb soll ich vor allen meinen Schwestern so ausgezeichnet werden, weshalb ward mir diese Auszeichnung, welche mich zu der Glücklichsten macht?«

Da kamen zwei Herren, welche eine Zigarre rauchten, die sprachen von Rosen und von Tabak. Rosen sollen den Tabaksrauch nicht vertragen können, sie sollen die Farbe verändern und grün werden. Die Herren wollten das versuchen. Sie mochten keine von den prächtigsten Rosen nehmen, sie nahmen die Rose, welche das Gebrechen hatte.

»Welche neue Auszeichnung!«, rief diese. »Ich bin über alle Maßen glücklich, die Allerglücklichste!« Und sie ward grün in Bewusstsein und Tabaksrauch.

Eine Rose, halb noch Knospe, die Schönste vielleicht am ganzen Rosenbusche, erhielt den Ehrenplatz in des Gärtners kunstvoll gebundenem Bouquet, welches dem jungen gebietenden Herrn des Hauses gebracht wurde und mit ihm im Wagen fuhr. Sie saß als schönste Blume inmitten anderer Blumen und schönem Grün, sie kam zu einem glänzenden Feste, da saßen Männer und

Frauen so prächtig beleuchtet von Tausenden von Lampen, die Musik erklang, es war im Lichtmeere des Theaters; und als unter stürmischem Jubel die gefeierte junge Tänzerin hervor auf die Bühne schwebte, flog Bouquet auf Bouquet wie ein Blumenregen zu ihren Füßen nieder. Da fiel das Bouquet, in welchem die schöne Rose, gleich einem Edelsteine, saß, sie fühlte ganz ihr namenloses Glück, die Ehre, den Glanz, in welchem sie hineinschwebte, und indem sie den Boden berührte, tanzte sie mit, sie sprang, fuhr über die Bretter hin und brach im Fallen von ihrem Stengel. Sie kam nicht in die Hände der Huldin, sie rollte hinter die Kulissen, ein Maschinist nahm sie auf, sah, wie schön sie war, wie lieblich sie duftete, aber sie hatte keinen Stengel. Er steckte sie in seine Tasche, und als er abends nach Hause kam, erhielt sie einen Platz in einem Schnapsglase und lag in demselben die ganze Nacht im Wasser. Frühmorgens wurde sie vor Großmutter hingestellt, welche alt und kraftlos im Lehnstuhle saß, sie betrachtete die geknickte schöne Rose und freute sich über sie und ihren Duft.
»Ja, du kommst nicht auf den Tisch des reichen feinen Fräuleins, sondern zu der armen alten Frau; aber hier bist du wie ein ganzer Rosenstrauch, wie schön bist du!«
Und mit kindlicher Freude blickte sie auf die

Blume und gedachte wohl auch ihrer eigenen längst entschwundenen frischen Jugendzeit.
»Da war ein Loch in der Fensterscheibe«, sagte der Wind, »ich konnte leicht hineinkommen und sah die jugendlich strahlenden Augen der alten Frau und die geknickte schöne Rose in dem Schnapsglase. Die Glücklichste von allen! Ich weiß das! Ich kann das erzählen!«
Jede Rose von dem Rosenstrauche des Gartens hatte ihre Geschichte. Jede Rose glaubte und dachte, die Glücklichste zu sein, und der Glaube macht selig. Aber die letzte Rose an dem Strauche war doch die Allerglücklichste, wie sie meinte.
»Ich überlebte sie alle! Ich bin die Letzte, die Einzige, Mutters liebstes Kind!«
»Und ich bin ihre Mutter«, sage die Rosenhecke.
»Das bin ich«, sagte der Sonnenschein.
»Und ich«, sagten Wind und Wetter.
»Jeder hat teil an ihr!«, sagte der Wind. »Und jeder soll einen Teil von ihr haben«; und damit streute der Wind ihre Blätter hin über die Hecke, auf welcher die Tautropfen lagen und auf welche die Sonne schien. – »Auch ich bekam mein Teil«, sagte der Wind, »ich bekam die Geschichte aller Rosen, die ich nun der ganzen Welt erzählen will. Sage mir nun, welche war die Glücklichste von allen? Ja, das musst du sagen, ich habe genug gesagt!« –

Der Glückspilz

Anton Tschechow

Auf der Station Bologoje der Nikolai-Eisenbahn setzt sich der Personenzug in Bewegung. In einem Raucherabteil der zweiten Klasse dösen, eingehüllt von der im Wagen herrschenden Dämmerung, fünf Fahrgäste vor sich hin. Sie haben soeben einen Imbiss eingenommen, lehnen sich nun an die Rückenpolster der Sitze und versuchen einzuschlafen. Alles ist still. Da öffnet sich die Tür, und das Abteil betritt eine junge, spindeldürre Gestalt in einem stutzerhaften Mantel und einem fuchsroten Hut; sie erinnert stark an die Zeitungskorrespondenten in den Operetten oder aus den Romanen von Jules Verne. Die Gestalt bleibt mitten im Abteil stehen, schnauft und blinzelt lange zu den Polstern hin.

»Nein, das ist er auch nicht!«, murmelt sie. »Weiß der Teufel, was das soll! Es ist einfach empörend! Nein, das ist nicht der richtige!«

Einer der Fahrgäste betrachtet die Gestalt genauer und stößt einen Freudenschrei aus.

»Iwan Alexejewitsch! Wie kommen Sie hierher? Sind Sie das wirklich?«

Der spindeldürre Iwan Alexejewitsch zuckt zusammen, schaut den Fahrgast stumpfsinnig an und schlägt, als er ihn erkennt, erfreut die Hände zusammen.

»Ha! Pjotr Petrowitsch!«, sagt er. »Wie viele Jahre haben wir uns nicht gesehen! Und ich wusste nicht, dass Sie mit diesem Zug fahren.«

»Wie geht's, sind Sie gesund?«

»Ganz gut, mein Lieber, nur habe ich meinen Wagen verlassen und kann ihn einfach nicht wiederfinden, so ein Idiot bin ich! Ich verdiene Prügel!«

Der spindeldürre Iwan Alexejewitsch schwankt leicht und kichert.

»Es passieren schon Sachen«, fährt er fort. »Nach dem zweiten Glockenzeichen gehe ich hinaus, um einen Kognak zu trinken. Natürlich habe ich einen getrunken. Nun, denke ich, weil es bis zur nächsten Station noch weit ist, sollte ich ruhig ein zweites Gläschen trinken. Während ich so denke und trinke, kommt das dritte Glockenzeichen … Ich laufe wie ein Verrückter und springe in den ersten besten Wagen. Nun, bin ich nicht ein Idiot, ein Trottel?«

»Man merkt, Sie sind gut gelaunt«, sagt Pjotr Petrowitsch. »Setzen Sie sich doch! Es ist mir eine Ehre!«

»Auf keinen Fall … Ich gehe und suche meinen Wagen! Leben Sie wohl!«

»Im Dunkeln werden Sie zu guter Letzt noch von der Plattform stürzen. Setzen Sie sich, und wenn wir zur nächsten Station kommen, werden Sie schon Ihren Wagen finden. Setzen Sie sich!«

Iwan Alexejewitsch seufzt und setzt sich unentschlossen Pjotr Petrowitsch gegenüber. Er ist, wie es scheint, sehr aufgeregt und sitzt wie auf Nadeln.

»Wohin reisen Sie?«, fragt Pjotr Petrowitsch.

»Ich? Ins Blaue. Bei mir im Kopf ist solch ein Durcheinander, dass ich selbst nicht recht begreife, wohin ich fahre. Das Schicksal fährt mich, und da fahre ich mit. Haha … Mein Lieber, haben Sie jemals glückliche Dummköpfe gesehen? Nein? Nun, dann schauen Sie her! Vor Ihnen sitzt der Glücklichste unter den Sterblichen! Ja! Merkt man es nicht an meinem Gesicht?«

»Man merkt, dass … Sie sozusagen … ein klein wenig …«

»Ich mache jetzt wahrscheinlich ein furchtbar dummes Gesicht! Ach, wie schade, es ist kein Spiegel da, sonst würde ich mir meine Visage ansehen. Ich fühle, mein Lieber, dass ich zu einem Idioten werde. Ehrenwort! Haha ... Können Sie sich vorstellen, ich bin auf der Hochzeitsreise. Nun, bin ich nicht ein Dummkopf?«

»Sie? Haben Sie denn geheiratet?«

»Heute, mein Liebster! Wir wurden getraut, und dann ging's gleich zum Zug.«
Es folgen Glückwünsche und die in solchen Fällen üblichen Fragen.
»Sieh mal einer an ...«, sagt Pjotr Petrowitsch lachend. »Deshalb haben Sie sich so herausgeputzt.«
»Ja ... um die Illusion vollkommen zu machen, habe ich mich sogar mit Parfüm bespritzt. Ich stecke bis über die Ohren in der Eitelkeit der Welt! Weder Sorgen noch Gedanken, sondern nur das Gefühl von so etwas wie ... weiß der Teufel, wie man das nennen soll ... Glückseligkeit vielleicht? Nie im Leben habe ich mich so wunderbar gefühlt!«
Iwan Alexejewitsch schließt die Augen und verdreht den Kopf.
»Aufreizend glücklich!«, sagt er. »Urteilen Sie selbst. Ich gehe gleich in meinen Wagen. Dort sitzt auf dem Polsterplatz am Fenster ein Geschöpf, das mir sozusagen mit seinem ganzen Wesen ergeben ist. So eine kleine Blondine mit einem Näschen ... mit Fingerchen ... Mein Schätzchen ...! Du, mein Engel! Mein kleines Pickelchen! Du Läuschen meiner Seele! Und erst das Füßchen! O Gott! Das Füßchen ist nicht so wie unsere Quanten, sondern etwas ganz Winziges, Zauberhaftes ... Allegorisches! Ich könnte

das Füßchen einfach nehmen und aufessen! Ach, Sie verstehen nichts davon! Sie sind doch ein Materialist, Sie machen immer gleich eine Analyse und so! Trockene Junggesellen, weiter nichts! Wenn Sie mal heiraten, denken Sie daran! Wo ist denn jetzt, werden Sie dann sagen, Iwan Alexejewitsch? Ja, also ich gehe gleich in meinen Wagen. Dort werde ich schon mit Ungeduld erwartet … Man genießt schon im Voraus mein Erscheinen. Man lächelt mir entgegen. Ich setze mich daneben und fasse so mit zwei Fingerchen unter das kleine Kinn …« Iwan Alexejewitsch dreht den Kopf und bricht in ein glückliches Lachen aus.

»Dann legt man seinen Schädel auf ihr Schulterchen und umfängt mit dem Arm ihre Taille. Ringsum, wissen Sie, ist alles still … so ein poetisches Halbdunkel. Ich könnte in diesen Minuten die ganze Welt umarmen, Pjotr Petrowitsch, erlauben Sie mir, Sie zu umarmen!«

»Aber bitte sehr!«

Die Freunde umarmen sich unter dem einmütigen Gelächter der Fahrgäste, und der glückliche Ehemann fährt fort: »Und um die Illusion noch vollkommener zu machen, geht man ans Büfett und kippt zwei, drei Gläschen hinunter. Da geht dann im Kopf und in der Brust etwas vor, was man nicht einmal in den Märchen lesen kann.

Ich bin ein kleiner Mensch, ein unbedeutender, aber mir scheint, als gäbe es für mich keine Grenzen mehr ... Die ganze Welt kann ich umfassen!«

Die Fahrgäste schauen den angeheiterten, glücklichen Neuvermählten an, sie werden von seiner guten Laune angesteckt und spüren keine Schläfrigkeit mehr. Statt des einen Zuhörers hat Iwan Alexejewitsch bald fünf. Er rutscht hin und her, als säße er auf Nadeln, versprüht Speichel, fuchtelt mit den Händen und schwatzt ohne Ende. Er lacht, und alle lachen mit.

»Die Hauptsache ist, meine Herrschaften, möglichst wenig denken! Zum Teufel mit all den Analysen ... willst du trinken, nun, so trinke, und brauchst nicht zu philosophieren, ob das schädlich ist oder nützlich ... Zum Teufel mit dieser ganzen Philosophie und Psychologie!« Durch den Wagen geht der Schaffner.

»Guter Mann«, wendet sich der junge Ehemann an ihn, »wenn Sie durch den Wagen zweihundertneun kommen, suchen Sie dort eine Dame im grauen Hut mit weißem Vogel und sagen Sie ihr, ich sei hier!«

»Sehr wohl. In diesem Zug gibt es aber keine Nummer zweihundertneun. Es gibt zweihundertneunzehn!«

»Nun, dann zweihundertneunzehn. Ganz gleich!

Sagen Sie dieser Dame auch, ihr Mann sei gesund und munter!«

Iwan Alexejewitsch fasst sich plötzlich an den Kopf und stöhnt.

»Mann ... Dame ... Ist das schon lange so? Ehemann ... Haha ... Man müsste dich prügeln, und du bist ein Ehemann! Ach, du Idiot! Aber sie. Gestern war sie noch ein Mädchen ... ein Käferchen ... Es ist kaum zu glauben.«

»In unserer Zeit kommt es einem irgendwie seltsam vor, einen glücklichen Menschen zu sehen«, sagt einer der Fahrgäste. »Eher sieht man einen weißen Elefanten.«

»Ja, aber wer ist daran schuld?«, sagt Iwan Alexejewitsch und streckt seine langen Beine mit den spitzen Schuhen aus. »Wenn Sie kein Glück kennen, sind Sie selber schuld. Ja, was haben Sie gedacht? Jeder Mensch ist seines Glückes Schmied. Wenn Sie wollen, können Sie auch glücklich sein. Aber Sie wollen ja nicht. Sie weichen dem Glück hartnäckig aus.«

»Sieh mal an! Wie denn das?«

»Sehr einfach ...! Die Natur hat es so eingerichtet, dass der Mensch in einer gewissen Periode seines Lebens lieben soll. Ist diese Zeit gekommen, nun, so liebe mit ganzer Kraft – aber Sie gehorchen der Natur nicht und warten immer noch auf etwas. Weiter ... Im Gesetz steht geschrieben, dass ein normales Individuum heiraten soll ... Ohne Heirat gibt es kein Glück. Kommt eine günstige Zeit, so heirate, es hat keinen Zweck, das auf die lange Bank zu schieben ... Aber Sie heiraten doch nicht, immer warten Sie noch auf etwas! Dann steht in der Heiligen Schrift, dass der Wein des Menschen Herz erfreut ... Wenn es dir gutgeht und du möchtest, dass es dir noch besser gehe, dann begib dich ans Büfett und trinke. Die Hauptsache ist, nicht klug daherzuschwatzen, sondern schnell nach der üblichen Schablone handeln! Die Schablone ist eine großartige Sache!«

»Sie sagen, jeder Mensch sei seines Glückes Schmied. Was, zum Teufel, ist er für ein Schmied, wenn ein kranker Zahn oder eine böse Schwiegermutter genügen, damit sein Glück in die Binsen geht? Alles hängt vom Zufall ab. Wenn jetzt ein Eisenbahnunglück passierte, würden Sie anders reden ...«

»Unsinn!«, protestierte der junge Ehemann. »Katastrophen ereignen sich nur einmal im Jahr. Ich habe keine Angst vor Zufällen, weil es keinen Grund für Zufälle gibt. Zufälle sind selten! Zum Teufel mit ihnen! Ich will auch gar nicht davon reden. Aber wir nähern uns anscheinend einer Station.«

»Wohin fahren Sie jetzt?«, fragt Pjotr Petro-

witsch. »Nach Moskau oder noch weiter südlich?«
»Prost Mahlzeit! Wie kann ich denn, wenn ich nach Norden fahre, weiter südlich wollen?«
»Aber Moskau liegt doch nicht im Norden.« »Ich weiß. Wir fahren doch jetzt auch nach Petersburg«, sagt Iwan Alexejewitsch.
»Nach Moskau fahren wir, ich bitte Sie!«
»Aber wie denn nach Moskau?«, fragt der junge Ehemann erstaunt.
»Seltsam. Wohin haben Sie Ihre Fahrkarte gelöst?« – »Nach Petersburg.«
»In diesem Fall gratuliere ich Ihnen. Sie sind in den falschen Zug gestiegen. «
Ein Augenblick vergeht in Schweigen. Der junge Ehemann erhebt sich und überfliegt mit einem stumpfen Blick die Mitreisenden.
»Ja, ja«, erklärt Pjotr Petrowitsch. »Sie sind in Bologoje auf einen anderen Zug gesprungen … Nach dem Kognak haben Sie das Pech gehabt, in den Gegenzug zu steigen.«
Iwan Alexejewitsch erbleicht, fasst sich an den Kopf und beginnt, hastig durch das Abteil zu laufen.
»Ach, ich Idiot!«, schreit er empört. »Ach, ich Halunke, die Teufel sollen mich fressen! Nun, was mache ich jetzt? In dem anderen Zug ist doch meine Frau! Sie ist dort ganz allein, sie

wartet und schmachtet! Ach, ich Hanswurst!« Der junge Ehemann lässt sich auf den Polstersitz fallen und krümmt sich, als sei ihm jemand auf sein Hühnerauge getreten.
»Ich unglücklicher Mensch!«, stöhnt er. »Was mache ich denn nur? Was denn nur?«
»Nun, nun ...«, trösten ihn die Fahrgäste.
»Kleinigkeit ... Telegraphieren Sie Ihrer Frau, und Sie selbst versuchen unterwegs in den Schnellzug zu steigen. So werden Sie sie einholen!«
»Schnellzug!« Der junge Ehemann, der »Schmied seines Glückes«, weint. »Und wo nehme ich das Geld für den Schnellzug her? Mein ganzes Geld ist bei meiner Frau!« Nachdem die lachenden Fahrgäste miteinander getuschelt haben, legen sie zusammen und versehen den Glückspilz mit dem nötigen Geld.

Die Liebe weint mit den Weinenden,
freut sich mit den Frohen,
ist glücklicher über des anderen Wohl
als über das eigene.

KATHARINA VON SIENA

Die Fabel von den Leuchtwürmchen

Gottfried Keller

Zur Zeit der Abenddämmerung saßen drei oder vier Leuchtwürmchen in einer Wiese unter den Kräutern und Blumen, und man sah, wie sie geheimnisvoll die Köpfe zusammensteckten, emsig hin und her krochen und sich eifrig besprachen, so dass man glauben musste, es sei etwas sehr Wichtiges im Werke.

Als nun die Nacht auf die Felder und Fluren herniedersank und die Sterne am Himmel erglänzten, da erklommen sie einen hohen Grashalm und sprachen zu den Sternen: »Ihr lieben Sternlein! Ihr müsst gewiss sehr müde sein von eurem allnächtlichen Wachen; drum geht einmal ohne Sorgen schlafen; wir wollen indes die Erde für euch beleuchten!«

Die Sternlein lächelten einander an und verbargen sich zum Spaße hinter kleinen Wolken; die Leuchtwürmchen aber glänzten die ganze Nacht hindurch aus allen Leibeskräften, und am Morgen meinten die guten Tierlein, sie hätten die Erde erleuchtet.

Dankbarkeit

Johann Peter Hebel

In der Seeschlacht von Trafalgar, während die Kugeln sausten und die Mastbäume krachten, fand ein Matrose noch Zeit, zu kratzen, wo es ihn biss, nämlich auf dem Kopf. Auf einmal streifte er mit zusammengelegtem Daumen und Zeigefinger bedächtig an einem Haare herab und ließ ein armes Tierlein, das er zum Gefangenen gemacht hatte, auf den Boden fallen. Aber indem er sich niederbückte, ihm den Garaus zu machen, flog eine feindliche Kanonenkugel ihm über den Rücken weg, paff, in das benachbarte Schiff. Da ergriff den Matrosen ein dankbares Gefühl, und überzeugt, dass er von dieser Kugel wäre zerschmettert worden, wenn er sich nicht nach dem Tierlein gebückt hätte, hob er es schonend von dem Boden auf und setzte es wieder auf den Kopf. »Weil du mir das Leben gerettet hast«, sagte er; »aber lass dich nicht zum zweiten Mal attrapieren, denn ich kenne dich nimmer.«

Hans im Glück

Brüder Grimm

Hans hatte sieben Jahre bei seinem Herrn gedient, da sprach er zu ihm: »Herr, meine Zeit ist herum, nun wollte ich gerne wieder heim zu meiner Mutter, gebt mir meinen Lohn.« Der Herr antwortete: »Du hast mir treu und ehrlich gedient, wie der Dienst war, so soll der Lohn sein«, und gab ihm ein Stück Gold, das so groß als Hansens Kopf war. Hans zog sein Tüchlein aus der Tasche, wickelte den Klumpen hinein, setzte ihn auf die Schulter und machte sich auf den Weg nach Haus. Wie er so dahin ging und immer ein Bein vor das andere setzte, kam ihm ein Reiter in die Augen, der frisch und fröhlich auf einem muntern Pferde vorbei trabte. »Ach«, sprach Hans ganz laut, »was ist das Reiten ein schönes Ding! Da sitzt einer wie auf einem Stuhl, stößt sich an keinen Stein, spart die Schuh und kommt fort, er weiß nicht wie.« Der Reiter, der das gehört hatte, hielt an und rief: »Ei, Hans, warum läufst du auch zu Fuß?« »Ich muss ja wohl«, antwortete er, »da habe ich einen Klumpen heim zu tragen: es ist zwar Gold, aber

ich kann den Kopf dabei nicht gerade halten, auch drückt mir's auf die Schulter.« »Weißt du was«, sagte der Reiter, »wir wollen tauschen: ich gebe dir mein Pferd, und du gibst mir deinen Klumpen.« »Von Herzen gern«, sprach Hans, »aber ich sage Euch, Ihr müsst euch damit schleppen.« Der Reiter stieg ab, nahm das Gold und half dem Hans hinauf, gab ihm die Zügel fest in die Hände und sprach: »Wenn's nun recht geschwind soll gehen, so musst du mit der Zunge schnalzen und ›hopp hopp‹ rufen.«
Hans war seelenfroh, als er auf dem Pferde saß und so frank und frei dahinritt. Über ein Weilchen fiel's ihm ein, es sollte noch schneller gehen, und fing an, mit der Zunge zu schnalzen und »hopp hopp« zu rufen. Das Pferd setzte sich in starken Trab, und ehe sich's Hans versah, war er abgeworfen, und lag in einem Graben, der die Äcker von der Landstraße trennte. Das Pferd wäre auch durchgegangen, wenn es nicht ein Bauer aufgehalten hätte, der des Weges kam und eine Kuh vor sich her trieb. Hans suchte seine Glieder zusammen und machte sich wieder auf die Beine. Er war aber verdrießlich und sprach zu dem Bauer: »Es ist ein schlechter Spaß, das Reiten, zumal wenn man auf so eine Mähre gerät wie diese, die stößt und einen herabwirft, dass man den Hals brechen kann; ich setze mich nun und

nimmermehr wieder auf. Da lob ich mir Eure Kuh, da kann einer mit Gemächlichkeit hinter her gehen, und hat obendrein seine Milch, Butter und Käse jeden Tag gewiss. Was gäb ich darum, wenn ich so eine Kuh hätte!« »Nun«, sprach der Bauer, »geschieht Euch so ein großer Gefallen, so will ich Euch wohl die Kuh für das Pferd vertauschen.« Hans willigte mit tausend Freuden ein: der Bauer schwang sich aufs Pferd und ritt eilig davon.

Hans trieb seine Kuh ruhig vor sich her und bedachte den glücklichen Handel. »Hab ich nur ein Stück Brot, und daran wird mir's doch nicht fehlen, so kann ich, so oft mir's beliebt, Butter und Käse dazu essen; hab ich Durst, so melk ich meine Kuh und trinke Milch. Herz, was verlangst du mehr?« Als er zu einem Wirtshaus kam, machte er Halt, aß in der großen Freude alles, was er bei sich hatte, sein Mittags- und Abendbrot, rein auf, und ließ sich für seine letzten paar Heller ein halbes Glas Bier einschenken. Dann trieb er seine Kuh weiter, immer nach dem Dorfe seiner Mutter zu. Die Hitze war drückender, je näher der Mittag kam, und Hans befand sich in einer Heide, die wohl noch eine Stunde dauerte. Da ward es ihm ganz heiß, so dass ihm vor Durst die Zunge am Gaumen klebte. »Dem Ding ist zu helfen«, dachte Hans, »jetzt will ich meine Kuh melken und mich an der Milch laben.« Er band sie an einen dürren Baum, und da er keinen Eimer hatte, so stellte er seine Ledermütze unter, aber wie er sich auch bemühte, es kam kein Tropfen Milch zum Vorschein. Und weil er sich ungeschickt dabei anstellte, so gab ihm das ungeduldige Tier endlich mit einem der Hinterfüße einen solchen Schlag vor den Kopf, dass er zu Boden taumelte und eine Zeit lang sich gar nicht besinnen konnte, wo er war. Glücklicherweise kam gerade ein Metzger des Weges, der auf einem Schubkarren ein junges Schwein liegen hatte. »Was sind das für Streiche!«, rief er und half dem guten Hans auf. Hans erzählte, was vorgefallen war. Der Metzger reichte ihm seine Flasche und sprach: »Da trinkt einmal und erholt Euch. Die Kuh will wohl keine Milch geben, das ist ein altes Tier, das höchstens noch zum Ziehen taugt oder zum Schlachten.« »Ei, ei«, sprach Hans und strich sich die Haare über den Kopf, »wer hätte das gedacht! Es ist freilich gut, wenn man so ein Tier ins Haus abschlachten kann, was gibt's für Fleisch! Aber ich mache mir aus dem Kuhfleisch nicht viel, es ist mir nicht saftig genug. Ja, wer so ein junges Schwein hätte! Das schmeckt anders, dabei noch die Würste.« »Hört, Hans«, sprach da der Metzger, »Euch zuliebe will ich tauschen und will Euch das Schwein für die Kuh lassen.« »Gott lohn Euch Eure Freundschaft!«, sprach Hans, übergab ihm die Kuh, ließ sich das Schweinchen vom Karren losmachen und den Strick, woran es gebunden war, in die Hand geben.

Hans zog weiter und überdachte, wie ihm doch alles nach Wunsch ginge, begegnete ihm ja eine Verdrießlichkeit, so würde sie doch gleich wieder gutgemacht. Es gesellte sich danach ein Bursch zu ihm, der trug eine schöne weiße Gans unter dem Arm. Sie boten einander die Zeit, und Hans fing an, von seinem Glück zu erzählen, und wie er immer so vorteilhaft getauscht hätte. Der Bursch erzählte ihm, dass er die Gans zu einem Kindtaufschmaus brächte. »Hebt einmal«, fuhr er fort und packte sie bei den Flügeln, »wie schwer sie ist, die ist aber auch acht Wochen lang genudelt worden. Wer in den Braten beißt, muss sich das Fett von beiden Seiten abwischen.« »Ja«, sprach Hans und wog sie mit der einen Hand, »die hat ihr Gewicht, aber mein Schwein ist auch keine Sau.« Indessen sah sich der Bursch nach allen Seiten ganz bedenklich um, schüttelte auch wohl mit dem Kopf. »Hört«, fing er darauf an, »mit Eurem Schweine mag's nicht ganz richtig sein. In dem Dorfe, durch das ich gekommen bin, ist eben dem Schulzen eins aus dem Stall gestohlen worden. Ich fürchte, ich fürchte, Ihr habt's da in der Hand. Sie haben

Leute ausgeschickt, und es wäre ein schlimmer Handel, wenn sie Euch mit dem Schwein erwischten: das Geringste ist, dass Ihr ins finstere Loch gesteckt werdet.« Dem guten Hans ward bang. »Ach Gott«, sprach er, »helft mir aus der Not, Ihr wisst hier herum bessern Bescheid, nehmt mein Schwein da und lasst mir Eure Gans.« »Ich muss schon etwas aufs Spiel setzen«, antwortete der Bursche, »aber ich will doch nicht Schuld sein, dass Ihr ins Unglück geratet.« Er nahm also das Seil in die Hand und trieb das Schwein schnell auf einen Seitenweg fort: der gute Hans aber ging, seiner Sorgen entledigt, mit der Gans unter dem Arme der Heimat zu. »Wenn ich's recht überlege«, sprach er mit sich selbst, »habe ich noch Vorteil bei dem Tausch: erstlich den guten Braten, hernach die Menge von Fett, die heraussträufeln wird, das gibt Gänsefettbrot auf ein Vierteljahr, und endlich die schönen weißen Federn, die lass ich mir in mein Kopfkissen stopfen, und darauf will ich wohl ungewiegt einschlafen. Was wird meine Mutter eine Freude haben!«

Als er durch das letzte Dorf gekommen war, stand da ein Scherenschleifer mit seinem Karren, sein Rad schnurrte und er sang dazu:

»Ich schleife die Schere und drehe geschwind,
und hänge mein Mäntelchen nach dem Wind.«

Hans blieb stehen und sah ihm zu; endlich redete er ihn an und sprach: »Euch geht's wohl, weil Ihr so lustig bei Eurem Schleifen seid.« »Ja«, antwortete der Scherenschleifer, »das Handwerk hat einen güldenen Boden. Ein rechter Schleifer ist ein Mann, der, so oft er in die Tasche greift, auch Geld darin findet. Aber wo habt Ihr die schöne Gans gekauft?« »Die hab ich nicht gekauft, sondern für mein Schwein eingetauscht.« »Und das Schwein?« »Das hab ich für eine Kuh gekriegt.« »Und die Kuh?« »Die hab ich für ein Pferd bekommen.« »Und das Pferd?« »Dafür hab ich einen Klumpen Gold, so groß als mein Kopf, gegeben.« »Und das Gold?« »Ei, das war mein Lohn für sieben Jahre Dienst.« »Ihr habt Euch jederzeit zu helfen gewusst«, sprach der Schleifer, »könnt Ihr's nun dahin bringen, dass Ihr das Geld in der Tasche springen hört, wenn Ihr aufsteht, so habt Ihr Euer Glück gemacht.« »Wie soll ich das anfangen?«, sprach Hans. »Ihr müsst ein Schleifer werden wie ich; dazu gehört eigentlich nichts als ein Wetzstein, das andere findet sich schon von selbst. Da hab ich einen, der ist zwar ein wenig schadhaft, dafür sollt Ihr mir aber auch weiter nichts als Eure Gans geben; wollt Ihr das?« »Wie könnt ihr noch fragen«, antwortete Hans, »ich werde ja zum glücklichsten Menschen auf Erden; habe ich Geld, so oft ich in die

Tasche greife, was brauche ich da länger zu sorgen?«, reichte ihm die Gans hin und nahm den Wetzstein in Empfang. »Nun«, sprach der Schleifer und hob einen gewöhnlichen schweren Feldstein, der neben ihm lag, auf, »da habt Ihr noch einen tüchtigen Stein dazu, auf dem sich's gut schlagen lässt und Ihr Eure alten Nägel gerade klopfen könnt. Nehmt ihn und hebt ihn ordentlich auf.«

Hans lud den Stein auf und ging mit vergnügtem Herzen weiter; seine Augen leuchteten vor Freude. »Ich muss in einer Glückshaut geboren sein«, rief er aus, »alles was ich wünsche, trifft mir ein, wie einem Sonntagskind.« Indessen, weil er seit Tagesanbruch auf den Beinen gewesen war, begann er müde zu werden, auch plagte ihn der Hunger, da er allen Vorrat auf einmal in der Freude über die erhandelte Kuh aufgezehrt hatte. Er konnte endlich nur mit Mühe weiter gehen und musste jeden Augenblick Halt machen; dabei drückten ihn die Steine ganz erbärmlich. Da konnte er sich des Gedankens nicht erwehren, wie gut es wäre, wenn er sie gerade jetzt nicht zu tragen brauchte. Wie eine Schnecke kam er zu einem Feldbrunnen geschlichen, wollte da ruhen und sich mit einem frischen Trunk laben; damit er aber die Steine im Niedersitzen nicht beschädigte, legte er sie bedächtig neben sich auf den Rand des Brunnens. Darauf setzte er sich nieder und wollte sich zum Trinken bücken, da versah er's, stieß ein klein wenig an, und beide Steine plumpsten hinab. Hans, als er sie mit seinen Augen in die Tiefe hatte versinken sehen, sprang vor Freuden auf, kniete dann nieder und dankte Gott mit Tränen in den Augen, dass er ihm auch diese Gnade noch erwiesen und ihn auf eine so gute Art und ohne dass er sich einen Vorwurf zu machen brauchte, von den schweren Steinen befreit hätte, die ihm allein noch hinderlich gewesen wären. »So glücklich wie ich«, rief er aus, »gibt es keinen Menschen unter der Sonne.« Mit leichtem Herzen und frei von aller Last sprang er nun fort, bis er daheim bei seiner Mutter war.

Immer die kleinen Freuden aufpicken,
bis das große Glück kommt.
Und wenn es nicht kommt,
dann hat man wenigstens
die kleinen Glücke gehabt.

THEODOR FONTANE

Der Glaube versetzt Berge

Spuren im Sand

Margaret Fishback Powers

Eines Nachts hatte ich einen Traum:
Ich ging am Meer entlang mit meinem Herrn.
Vor dem dunklen Nachthimmel
erstrahlten, Streiflichtern gleich,
Bilder aus meinem Leben.
Und jedes Mal sah ich zwei Fußspuren im Sand,
meine eigene und die meines Herrn.

Als das letzte Bild an meinen Augen
vorübergezogen war, blickte ich zurück.
Ich erschrak, als ich entdeckte,
daß an vielen Stellen meines Lebensweges
nur eine Spur zu sehen war.
Und das waren gerade die schwersten
Zeiten meines Lebens.

Besorgt fragte ich den Herrn:
„Herr, als ich anfing, dir nachzufolgen,
da hast du mir versprochen,
auf allen Wegen bei mir zu sein.
Aber jetzt entdecke ich,
daß in den schwersten Zeiten meines Lebens
nur eine Spur im Sand zu sehen ist.

Warum hast du mich allein gelassen,
als ich dich am meisten brauchte?"

Da antwortete er: „Mein liebes Kind,
ich liebe dich und werde dich nie allein lassen,
erst recht nicht in Nöten und Schwierigkeiten.
Dort, wo du nur eine Spur gesehen hast,
da habe ich dich getragen."

Neun Uhr zweiunddreißig Bahnsteig eins

Klaus Weyers

Der Intercity kommt pünktlich angerollt. Im ersten Wagen findet sich ein Nichtraucherabteil für mich. Bis jetzt ist es leer, aber das wird wohl nicht so bleiben. Auf dem Bahnsteig wimmelte ein Trupp von Jungen herum, die werden sicher auf Platzsuche gehen. Kurz nach Abfahrt des Zuges kommt die Invasion angerollt. Mehrere Lehrer oder Erzieher bemühen sich, ihre Schützlinge in die Abteile zu verfrachten. Das Ganze geht relativ reibungslos vonstatten. Im Handumdrehen ist mein Abteil vollgepfropft mit jungen Kerlchen etwa aus der siebenten oder achten Klasse. Die Begleiter entpuppen sich als Trainer. Man fährt zu einem großen Boxkampf und ist schon voller Tatendrang und Siegeszuversicht. Aus den Reisetaschen gucken die dicken Boxhandschuhe und wecken bei mir schmerzliche Erinnerungen. Als ich so jung war wie diese Männlein hier, musste ich auch einmal die gewaltigen Lederhandschuhe anziehen. Nachdem mein Gegner meine zarte Nase unter Dauerfeuer genommen hatte, gab ich auf und

lief heulend in meine Ecke. Seitdem interessiert mich Boxen nur auf der Mattscheibe des Fernsehens.
Das Stundenbuch liegt auf dem kleinen Tisch am Fenster des Eisenbahnabteils. Mein Name steht deutlich lesbar auf der Schutzhülle. Der Blondgelockte mir gegenüber verrenkt sich den Hals. Ich drehe das Brevier zu ihm hin. Nun kann er meinen Namen entziffern. Aber es geht gar nicht um meinen Namen, sondern um das seltsame Buch mit den bunten Bändchen. Inzwischen haben die vier anderen mich auch ins Visier genommen. Ich eröffne die Partie mit der Frage: Was bin ich von Beruf? Die Antwort kommt sehr schnell: Sie sind ein katholischer Pfarrer! Das hatte ich nicht erwartet. Woher weiß der Jüngling etwas von katholischen Pfarrern? Man muss ihn fragen. Aha, seine Eltern haben in der Nähe vom katholischen Wittichenau einen alten Bauernhof ausgebaut. Daher die Sachkenntnis. Nun ist der Bann gebrochen. In den nächsten drei Stunden gibt es schönes, anregendes Fragen und Antworten über Gott und die Welt. Einer aus der Runde hat gehört, dass katholische Bischöfe überall herum zu den Leuten fahren und Geschenke mitbringen. Man freut sich zwar über dieses positive Bischofsbild. Aber da muss ich doch ein wenig einhelfen und versuchen, den Beruf des

katholischen Bischofs anders zu beschreiben. Da es für Außenstehende nicht leicht ist, die Rangordnungen und Dienste der katholischen Kirche sachgerecht zu unterscheiden, werde ich bald von meinen Gesprächspartnern zum Bischof befördert und auch so angeredet. Hoffentlich erfährt das mein Bischof nicht, sonst werde ich wegen Amtsanmaßung in den Kaplansstand zurückversetzt. Inzwischen sind Sendboten aus unserem Abteil in die anderen Abteile gezogen. Sie verkünden überall mit großer Lautstärke dasselbe: »Wir haben einen richtigen Pfarrer!« Einer der jungen Boxer baut sich im Gang vor seinem Trainer auf und klärt auch ihn über die Tatsache auf, einen echten Pfarrer zu besitzen. Der antworten mit einem schlichten »Na und?«. Was soll er auch sonst sagen. Hier in meinem Abteil sind wir inzwischen beim Unterschied zwischen Pfarrer und Priester angekommen. Das lässt sich relativ leicht klären. Aber was macht denn ein Pfarrer so alles? Auch darüber kann man reden. Jetzt gibt es aber erst einmal eine Pause. Drei der Amateurboxer greifen zu den Karten und spielen Skat. Der vierte heißt Michael. Ich bin so unvorsichtig, ihm zu sagen, was dieser Name auf Hebräisch heißt: Gott mit uns. Da ist meine Ruhe hin. Die Skatkarten werden weggelegt, alles verteilt sich wieder in den übri-

gen Abteilen des Waggons. Man sammelt Vornamen und bringt sie zu mir: Was heißt Matthias, was heißt Mike, was heißt Uwe? Bei Uwe muss ich passen. Nordische Namen fallen nicht in mein Spezialgebiet. Nachdem die Namen der jungen Männer durchgefragt sind, kommen die Namen der Schulkameradinnen an die Reihe. Zwischendurch höre ich, dass der Trainer den schönen Namen Philipp trägt. Es erweckt allerseits große Freude, dass dieser Name auf Deutsch »Pferdefreund« bedeutet. O weh! War das nicht ein bisschen unpädagogisch von mir? Jetzt geht Michael auch noch auf den Gang und erklärt dem Trainer, dass der Pfarrer seinen Namen mit Pferdefreund übersetzt habe. Ob der Boxer mich nun zum Zweikampf herausfordert? Er scheint ein friedlicher Mensch zu sein. Es passiert nichts.
Der Gesprächsfaden ist abgerissen. Man kann eben mal ein Butterbrot essen und hoffen, dass auf dem nächsten Bahnhof niemand auf meinen Platz will. Wir sitzen im Platzkartenwagen. Ich besitze ein solches Stück Papier namens Platzkarte nicht. Natürlich kommt ein Platzkarteninhaber und sucht seinen reservierten Platz. Da wird man wohl oder übel weichen müssen. Jetzt wird es eng. Aber die jungen Sportsfreunde rücken ganz eng zusammen, um für den Pfarrer

noch eine halbe Sitzmöglichkeit zu schaffen. Sogar der Trainer erscheint, um zu sehen wie sich die Sache für mich regeln lässt. Alles hat sich beruhigt, der Zug fährt mit gutem Tempo durch die Lande. Die kleinen Sportler nehmen das Gespräch wieder auf. Sie wollen wissen, ob mein Stundenbuch die Bibel sei. Irgendwie scheint die Bibel für sie etwas Bemerkenswertes zu sein. Sie hat in den Fragen der jungen Boxer einen Stellenwert, den ich nicht deuten kann. Ob da noch eine Ahnung mitschwingt, dass die Worte in diesem Buch anders sind als Worte in anderen Büchern? Ob da noch die vergessene Wahrheit sich meldet, dass Worte der Bibel Worte wie Feuer und Sturm sind? Ich weiß es nicht. Aber mitten in Gesprächen über das Gewicht der Boxhandschuhe und über die Verpflegung kommt immer wieder die Frage nach der Bibel. Warum fragen sie danach? Die Kerlchen sind offensichtlich enttäuscht, dass mein Stundenbuch keine Bibel ist. Auch die Erklärung, dass in diesem Buch fast alle Texte aus der Bibel stammen, hilft mir nichts. Hätte ich doch eine Bibel bei mir. Aber wir Katholiken haben alles Mögliche im Reisegepäck, von der Zahnbürste bis zum Krimi als Reiselektüre. Nur die Bibel ist uns zu unhandlich. Ich ärgere mich über mich selbst. Da sitzt man nun schon mal unter lauter interessier-

ten jungen Leuten, die von ganz anderen Lebensweisen herkommen. Und dann hat man das Wort Gottes fein säuberlich im Regal seines Arbeitszimmers abgestellt. In dieses Zimmer wird sich wohl nie eine Juniorenboxstaffel verirren.
Die Luft im Abteil ist recht dick geworden. Ein paar Schritte auf dem Gang werden mir gut tun. Tücke des Schicksals. Als ich auf den Gang trete, braust der Zug gerade über eine Fernweiche. Der Schwung wirft mich gegen den blechernen Abfallkasten an der Wand. Na gut, behalten wir einen blauen Fleck als Reiseandenken. Machen wir mal einige Schritte an den Abteilen entlang. Im dritten Abteil sitzt ein junger Mann, der Kopfhörer trägt. Da hört einer Musik von der Kassette eines Rekorders. Ich kann nicht hören, ob es leichte oder ernste Musik ist. Dieser Reisende hat auch noch Buch in der Hand. Da werden meine Augen groß vor Staunen. Das Buch ist in einer wunderschönen Perlschrift gedruckt. Es muss über hundert Jahre alt sein und trägt die Spuren des Alters. Man muss oft in ihm gelesen haben. Es ist die Bibel. Der Mann liest still und emsig im zweiten Buch der Könige. Der Pfarrer Weyers hat keine Bibel bei sich. Aber der unbekannte junge Mann hat sie hier in einem Waggon der Deutschen Bahn AG auf den Knien lie-

gen und liest unbekümmert das Gotteswort. Nun kann ich wieder zu meinen Sportlern gehen. Ich klettere in das vollgepfropfte Abteil und verkünde: Wenn ihr einmal eine Bibel sehen wollt, dann geht drei Abteile weiter. Da sitzt jemand, der liest in diesem Buch! Was aus dieser Begegnung mit den Boxern wird, weiß ich nicht. Ob jemand von den Jungen davon mehr hat, als man normalerweise von einem zufälligen Reisegespräch profitieren kann, ist nicht meine Sache. Ich muss mich nur fragen, ob ich in diesen Stunden der Reise wach genug war. Das andere wird Gott tun. Ich hoffe, dass ich die Boxstaffel im Himmel wiedersehe.

Es weiß keiner von uns, was Gott wirkt
und was er den Menschen gibt.
Es ist für uns verborgen und soll es bleiben.
Manchmal dürfen wir ein klein wenig
davon sehen, um nicht mutlos zu werden.

Albert Schweitzer

Als der liebe Gott Ferien machen wollte

Werner Reiser

Märchen zu Jeremia 9,2

Eines Tages beschloss der liebe Gott, Ferien zu machen. Eine Ewigkeit hatte Er keine gemacht. Nicht, dass Er etwas gegen sie auf dem Herzen gehabt hätte. Er war ja ihr Erfinder. Er hatte ja damals die Ruhe erfunden und sie Seiner Schöpfung eingepflanzt. Darauf war Er jetzt noch stolz. Er hatte so die Menschen davor bewahrt, sich in lauter Tätigkeit zu verzehren. Was für die übrige Schöpfung der Winterschlaf war, sollte für die Menschen die Ferienzeit sein. Und eben jetzt redete wieder die halbe Welt von Ferien. Zwar hörte Er nirgends heraus, dass sie diese Zeit mit Ihm in Verbindung brächten. Sie wollten ja im Gegenteil für sich allein sein – aber schließlich lebten sie auch sonst täglich von Seinen Gaben und taten nichts dergleichen. So beschloss Er, auch Ferien zu machen.

Wegen Seiner Abwesenheit machte Er sich keine Sorgen. Seine Engel würden Ihn gut vertreten. Er hatte sie ja von Anfang an als freie Geschöpfe erschaffen, und sie hatten Ihn nicht enttäuscht.

Er hatte ihnen die Freiheit und die nötige Fantasie geschenkt, so dass sie jederzeit in der Lage waren, frei zu entscheiden. Im Himmel gab es während Seiner Abwesenheit gewiss keine Schwierigkeiten.
Dennoch herrschte im Himmel große Bestürzung, als Er ihnen Seinen Entschluss eröffnete. Sie liebten Ihn alle und konnten sich ein Leben ohne Ihn und Seine tägliche Gegenwart gar nicht mehr vorstellen.
Wovon Er denn Ferien machen wolle, fragte Ihn schließlich ein Erzengel. Dass Er von sich Ferien machen wolle, sei ja undenkbar. Nur Menschen seien so gespaltene Wesen, dass sie sich von sich selbst befreien müssten – aber doch nicht Er. Ein stiller Engel gab zu bedenken, vielleicht wolle Er sich von ihnen zurückziehen. Er sähe sie ja seit urdenklichen Zeiten und sei ihres Anblicks vielleicht ein wenig müde geworden. Sie würden ja gerne ihr Antlitz verändern, um Ihm wieder mehr zu gefallen.
»Davon kann doch gar nicht die Rede sein –«, antwortete der liebe Gott. »Einen erholsameren Anblick als euch gibt es in meiner ganzen Welt nicht. Aber eure Frage beunruhigt mich ein wenig. Ich habe die Ruhe nicht als Flucht erfunden, sondern als verborgene Hälfte aller Tätigkeit, so wie der Himmel die verborgene Hälfte der

Schöpfung ist. Nur Menschen verwechseln Ruhe und Flucht.«

»Dann mache doch Ferien von den Menschen«, rief ein vorwitziger Engel dazwischen. »Sie machen uns genug zu schaffen, ich wenigstens würde jederzeit Ferien außerhalb der Erde machen.« Sofort stellte sich ein Erzengel vor ihn hin und befahl ihn sogleich zu einem Sonderdienst auf den Ferienrouten der Menschen.

Nachdenklich schaute der liebe Gott dem entschwindenden Engel nach. Noch immer schwebte dessen Ruf in den Himmelsräumen: »Ferien von den Menschen!«

Neu war Ihm die Sache nicht. Wie oft hatte Er solche Gedanken auf den durchsichtigen Stirnen jener Engel gelesen, die im Dienst der Erde standen. In letzter Zeit hatte Er sie mehr als vordem austauschen müssen, weil sie erschöpft zurückgekommen waren. Geklagt hatte keiner, nur sahen sie selbst beklagenswert aus. Irgendein heimlicher Kummer schien an ihnen allen zu haften. Das Menschenklima zehrte an ihnen. Aber keiner wollte es aussprechen. Alle wussten, dass Er mit einer sonderbaren Neigung gerade an diesen letzten Geschöpfen hing. Alle früheren Geschöpfe mussten ihretwegen oft zurücktreten. Eigentlich wäre es nichts als gerecht, wenn Er die ältesten Freundschaften der Schöpfung

erneuerte und somit Ferien von den Menschen nähme. Und so sprach Er es aus: »Ich sehe mich in meiner gesamten Welt um und suche alte Bekannte auf.«
Auf die Frage des ersten Stellvertreters, wo Er denn in dringenden Notfällen zu erreichen wäre, antwortete Er nur: »Ich bin in der Ferne und bin nahe.« Und schon war Er ihrer Mitte entschwunden und unterwegs.
In den weiten Räumen des Weltalls fühlte Er sich unendlich wohl. Seine Arme spürten wieder den großen Schwung, mit dem Er am Anfang das All ausgemessen hatte. Da ist noch Platz für Ewigkeiten und da sind noch ganze Menschheiten anzusiedeln, überlegte Er sich großzügig. Menschheiten? Habe ich Menschen gesagt?, sagte Er vor sich hin, und Sein Wort hallte durch die Unermesslichkeit. Eben hatte Er sich von ihnen getrennt, und schon drängten sie sich wieder in Seinen Sinn. Er konnte sie einfach nicht vergessen. Wie machten das eigentlich die Menschen, dass sie Ihn so leicht vergessen konnten? Sie hatten eben unbewusste Tiefen der Seele, in die alles versank, was sie nicht annehmen wollten, und sie hatten die Zeit, in der alles verflachte. Ihm aber war alles bewusst und alles gegenwärtig. Er konnte sie nur ganz haben oder vernichten.

Er aber hatte sie so erschaffen, mit der unbewussten Seele und der Zeit. Wie nun – wenn Er hier draußen eine ganz andere Menschheit erschaffen würde, eine ganz andere Sorte. Eine, an der Seine Engel nur Freude erleben würden? Mitarbeiter der Schöpfung, Mithelfer, nicht Eroberer der Welt? Was für ein Aufatmen in all diesen Räumen! Aber würde dies etwas an den Menschen der Erde verändern? Würden sie sich zum Wettbewerb der Güte aufschwingen können oder einfach in ein vormenschliches Stadium absinken?

Wie Er auch dahinfuhr und dachte, so vieles auch an Seinem Auge vorbeizog und Ihn grüßte – immer wieder wurden Menschen daraus. Kann ich denn nur noch in Menschen denken?, sagte Er vor sich hin, flüsternd, damit Er da draußen am Rand keines der übrigen Geschöpfe betrübte.

Die Sterne jubelten, als sie Ihn erkannten, und flogen Ihm mit Lichtgeschwindigkeit entgegen. Einige Millionen hätten vor Freude am liebsten einen Purzelbaum geschlagen, wenn sie damit nicht das unendliche Gleichgewicht des Alls gestört hätten. Einige Tausend glühten vor Glück so hell auf, dass sie darob verbrannten. Weil sie sich für Ihn verbrannten, schenkte ihnen Gott, dass ihr Licht noch durch die Nacht leuchtet,

auch wenn sie nicht mehr sind. Ihr Umkreis war für Ihn reines Glück. Nebst den Engeln waren die Sterne seine treuesten Diener und die ältesten Geschöpfe. Sie bewahrten das All vor dem Chaos. Sie waren Sein erstes Werk und unverbraucht wie der Gedanke der Schöpfung selbst. Da bewegten sie sich zuäußerst am Rand, von niemandem entdeckt und gekannt als von Ihm, als ob er Sein erstes Geheimnis niemandem preisgeben wollte. Unentdeckte, selbstlose Geschöpfe, dem göttlichen Leuchten und den mathematischen Gesetzen gehorsam. Hier fielen der älteste und der jüngste Tag zusammen und die Zeit stand still. Hier außerhalb der Zeit Ferien machen zu können, war ungetrübtes, reines, mathematisches Glück.
Nur mit Mühe riss sich der liebe Gott von ihnen los. Irgendetwas drängte Ihn auf die andere Seite Seiner Welt. So glücklich Er hier war und Gott sein konnte – »lieb« konnte Er doch nur dort sein, wo auch das andere war, das getrübte und unreine Dasein Seiner späteren Geschöpfe. Auf den Flügeln Seiner Gedanken näherte Er sich der Erde. Beinahe wäre Er in Atemnot geraten – hatte Er es so eilig oder lag es an der Ausdünstung des Planeten?
Er musste sich wieder mehr Zeit nehmen, um sich der Kurzatmigkeit dieser Erde besser anzu-

passen. Hier war ja alles knapp und hastig. Sogar Seine Engel sah Er unentwegt an der Arbeit. Sie hatten alle Hände voll zu tun – richtig, hier hatte ja die Hälfte der Menschheit Ferien. Die Engel arbeiteten Tag und Nacht. Er hatte Erbarmen mit ihnen und wollte ihnen ein wenig helfen.

Niemand bemerkte Sein Kommen. Nur die Bäume und Blumen blühten plötzlich auf und versetzten Ihn in Staunen. Er vermutete schon, dass die Engel Ihm heimlich einen königlichen Empfang hatten bereiten wollen. Aber die Blumen widersprachen Ihm: »Das muss uns doch niemand sagen, dass Du da bist. Jede Ahnung Deiner Gegenwart lässt uns aufblühen. Sonst folgen wir nur dem Gesetz von Werden und Vergehen.« Am nächsten Tag rätselten die Menschen über die seltsame Naturerscheinung. Sie gaben sich schließlich damit zufrieden, dass eine unerklärliche Himmelsströmung die Vegetation vorübergehend verändert habe.

Aber da war der liebe Gott schon weiter, nämlich mitten unter ihnen. Es machte Ihm Freude, sie über schöne Dinge rätseln zu lassen und sie auf diese Weise auf Seine Spuren zu locken. Und so fing Er an und verteilte überall hinein etwas von Seiner Freude, in den Morgen und in den Abend, in die Berge und in das Meer, unter Freunde und Einsame. Leute winkten einander zu, die sich

nicht kannten, Schweigsame begannen zu reden und Gesellige hörten zu. Auch die Leute, die zu Hause geblieben waren, wurden etwas gelöster und freundlicher miteinander. Wo Er nur konnte, legte Er ihnen kleine Freuden in den Weg – wie ein Vater am Ostermorgen den Kindern allerlei bereitlegt, damit sie es selber finden können. Er tat es einfach aus Freude, so, weil Er selber Freude an den Ferien und an den Menschen hatte.
Aber so viel Er auch hinlegte, es waren immer nur wenige, die es sahen und sich mitfreuten. Das Staunen verging rasch, und man gewöhnte sich daran, wie eben an vieles, das man in den Ferien anders erlebt. Und kaum fiel jemandem ein, dass Er an solchen Dingen beteiligt sein könnte. Zwar fehlte es nicht an der Zeit, über allerlei nachzudenken. Aber es sah so aus, als ob sie mit ihren Ferien auch jeden Gedanken an Ihn ausgeschaltet hätten. Ihnen gelang es viel besser, Ihn zu vergessen, als es Ihm je gelang, sie zu vergessen. Wie machten sie es nur, gottlos zu sein? Er konnte und konnte nicht menschenlos sein. Wie konnte Er sie nur auf Seine Spur bringen?
Vielleicht kamen sie eher zur Besinnung, wenn Er ihre Freude entleerte und sie in ihrem Lebensdurst ungesättigt ließ? Er versteckte sich in ihren Dingen und drückte mit der linken Hand

da und dort Löcher ein. Die Arbeit und das Vergnügen wurden durchlässig und bodenlos. Sie hielten nicht mehr, was sie versprachen. Zwar erwachte damit das Bewusstsein der Leere, aber viel reger und heftiger wurde der Versuch, die Leere immer mehr auszufüllen. Keiner fragte, was die Dinge so unersättlich gemacht hatte.
Er aber versenkte sich immer tiefer und zehrte am Mark des Lebens. Immer noch hoffte Er, dass sie im Absturz auf Ihn fallen und Ihn endlich entdecken müssten. Aber nun geschah es wie in einem tiefen Trichter. Oben stürzten die Ränder immer breiter ein. Immer neue Lebensgebiete kamen ins Wanken. Auch Liebe und Vertrauen bröckelten ab und sanken ein. Doch nur wenige erschraken. Die meisten gewöhnten sich an den neuen Zustand und fanden sich mit der Sinnlosigkeit aller Dinge ab.
Da sah Gott, dass Er in Seiner Liebe zu den Menschen ohnmächtig war. Was blieb Ihm noch, als auf ihren Tod zu warten und alles irdische Leben zu einem trügerischen Schein für ein Leben nachher verdorren zu lassen? Aber wozu denn diese Mühe mit dem wirklichen Menschen, wenn alles nur ein unwirkliches Vorspiel sein sollte? Sollte Er sie einfach tot erklären – so wie sie Ihn tot erklärten und dabei gediehen?
Während Er noch darüber nachdachte, hörte Er

von irgendwoher einige Stimmen. Sie schrien: »Gott, Gott, wo bist du?«
Der Ruf traf Ihn bis zuinnerst. Wenn nur einige waren, die nach Ihm schrien – ja, wenn nur ein einziger da wäre, der für sich und für andere so nach Ihm schrie, dann durfte Er sie nicht allein lassen. Er musste antworten – ob aus der Höhe oder aus der Tiefe. Er musste antworten und den Menschen zur Seite stehen. Mit einem raschen Griff verschloss Er die Löcher des Abgrunds und eilte zu den Menschen, die nach Ihm schrien. Ganz nah trat Er zu ihnen hin und schaute ihnen in die Augen. Da sah Er, dass ihre Augen Ihn widerspiegelten und Er in ihnen war. Damit Sein Widerschein Ihm nicht mehr verloren gehen könnte, brannte Er sich ihnen ins Herz. Dann ging Er auf die Straße. Wo Er hinkam, schaute Er allen in die Augen, und alle, die Gleichgültigen und Blinden wie die Fragenden und Suchenden, warfen Ihm Sein eigenes Bild zurück. »Sie sind doch ein Teil von mir«, flüsterte Er erschüttert. »Ich kann meine Spur in ihnen doch nicht auslöschen.« Damit brach Gott Seine Ferien ab.
Zitternd warteten die Engel auf Seine Rückkehr. Sie hatten um Ihn gebangt, als sie Ihn in der menschlichen Tiefe einsinken sahen. Sie waren voller Zorn über die Menschen, die Ihn beinahe zur Verzweiflung getrieben hätten.

Sie standen bereit, für Seine Ehre einzugreifen und auf Erden Ordnung zu schaffen.
Er aber umfasste sie zum Gruß und dankte ihnen für ihren Dienst. Dann sprach Er: »Nun wollen wir weiter an die Arbeit gehen. Wir haben noch viel zu tun, bis alle verschütteten Spuren freigelegt sind.«
»Aber soll es denn mit den Menschen in alle Ewigkeit weitergehen?«, fragten die Engel erschrocken.
Er antwortete: »In alle Ewigkeit – ja.«

Der Mensch macht seine Pläne,
und oft muss er erleben, dass Gott sie umwirft.
Wo aber die Suche nach Wahrheit
das letzte Ziel ist, da spielt es keine Rolle,
ob die Pläne des Menschen durchkreuzt werden.
Das Ergebnis ist nie nachteilig,
oft sogar besser, als es entworfen war.

MAHATMA GANDHI

Die Liebe hört niemals auf

Sie singt die Namen der Sterne

MANFRED HAUSMANN

»Ist das eine Finsternis«, sagt Andreas, als er aus dem Haus tritt. »Warte! Ich kann nichts sehen.«

Isabel legt ihre Hand unter seinen Ellbogen und führt ihn den Weg hinauf bis zur Gartentür. Ihr macht die Dunkelheit nichts aus, sie hat Nachtaugen wie eine Katze.

Da glimmt vor ihnen ein rötliches Licht auf. Der alte Bauer, der sie mit seinem Schlitten abholen will, ist zur Seite getreten und hat die verrußte Laterne freigegeben.

Andreas streckt seine Hand aufs Geratewohl in die Nacht hinein. Sie wird gefasst und geschüttelt: »Guten Abend auch! Wenn Sie bitte einsteigen mögen.«

»Ja, gern. Und vielen Dank, dass Sie uns holen«, sagt Andreas.

Ein Klirren ertönt, als fielen Glasscherben auf den gefrorenen Schnee.

»Och, ich mache auch ganz gern mal eine kleine Schlittenfahrt. Wenn Sie bitte einsteigen mögen.«

Allmählich erkennt Andreas den winzigen Holzschlitten in der Nacht und das große dunkle

Pferd davor, das ungeduldig stampft. Mit Händen und Füßen tastet er sich in das Gefährt, in dem Isabel schon Decken und Felle ausbreitet. Wie er sich gesetzt hat, kuschelt sie sich neben ihn und hüllt ihn und sich ein. Die Decken riechen nach Torfrauch und Heu. Sogleich entsteht eine behagliche Wärme. Aber der Bauer legt noch eine Art Segeltuch über sie und knüpft es an den Seiten fest. »Da geht kein Wind durch, passen Sie mal auf.« Dann schwingt er sich auf den Sitz, der rechts hinten am Schlitten angebracht ist, schwippt, nachdem er die Zügel ergriffen hat, ein bisschen mit der Peitsche und pfeift zärtlich.

Die Kufen rumpeln dumpf, der Schlitten gleitet langsam davon. Und die Glöckchen am Geschirr klingen im Rhythmus des gehenden Pferdes röngeldring, röngelröngeldring.

Wieder ein zärtliches Pfeifen, das Pferd beginnt zu traben, und die Glöckchen singen röngeldidringdring, röngeldidringdring ...

Mit der Zeit gewöhnt Andreas sich an die Nacht. Er unterscheidet im Widerschein des Schnees die schattenhaften Vogelbeerbäume, die Schneewehen, die Hecken, die versunkenen Häuser. Wenn er den Kopf zurücklegt und emporblickt, sieht er die Sterne. Der Himmel ist nicht klar, aber an einzelnen Stellen glitzert es wie Diaman-

tenstaub. Anderswo hängen Schleierwolken und lassen nur die hellsten Sterne hindurchschimmern, die sich durch die Brechung des Lichtes wie kleine Monde ausnehmen. Manche haben sogar einen Hof.
»Wie heißt der große Stern da?«, fragt Isabel. Sie legt ebenfalls ihren Kopf zurück.
»Das muss Capella sein. Ja, da ist das große Fünfeck des Fuhrmanns. Und rechts darunter steht Aldebaran, der rötliche da. Und der verschwommene ist Sirius. Und die beiden, die sich so nahe sind, heißen Castor und Pollux. Und das ist Prokyon, der tiefere. Oh! Eine Sternschnuppe!« Ein grüner Funke schießt über den Himmel und verschwindet, gerade wie er zerspringt, hinter dem Gewölk.
Nach einer Weile erkundigt Andreas sich bei Isabel, ob sie sich etwas gewünscht habe. Sie sagt, ohne sich zu rühren, gegen den Himmel, sie brauche sich nichts zu wünschen, jetzt nicht.
Seine Hand sucht unter der Decke nach ihrer. Sie nimmt die suchende und drückt sie einen Augenblick an ihre Brust. Er fühlt die atmende Wärme durch den Mantel hindurch.
Weichen Ganges schaukelt der Schlitten über die Wellen des Schnees wie ein Schiff. Und wie ein Schiff giert er auch zuweilen mit einer sanft schleudernden Bewegung nach rechts oder

links, wird zurückgeworfen und schmiegt sich wieder in die Fahrtrichtung hinein. Als sie eine Biegung durcheilen, trifft sie der Wind, den sie bislang, da er schräg von hinten kam, nicht gespürt haben, mit kaltem Sausen von der Seite. Sie ducken sich unter das Segeltuch und drängen sich noch enger aneinander. Groß, schwarz und wissend wogt das Pferd vor ihnen dahin. Es kennt den Weg auch in der Finsternis. Steigt die Straße ein wenig an, so fällt es in Schritt; geht die Bahn wieder waagerecht fort, so beginnt es, ohne dass der Bauer zu pfeifen braucht, abermals zu traben.

An einer Biegung schwingt der Schlitten weit aus, als wolle er in den Graben rutschen. Isabel hält sich am Arm von Andreas fest. Es gibt einen Stoß, der Schlitten fängt sich und gleitet weiter.

»Was meinst du?«

»Aldebaran«, flüstert Isabel, »Sirius, Prokyon, Capella ... Was für Namen! Wenn mich einmal jemand fragt, wie das Glück heißt, will ich sagen, es hätte viele Namen: Prokyon, Aldebaran ...«

»Ich weiß noch einen anderen Namen für das Glück«, sagt Andreas. »Den schönsten eigentlich.«

»Welchen denn?«

»Er fängt, glaube ich, mit demselben Buchstaben an wie deiner.«

Da bewegt Isabel ihre Schultern vor Scham und Geborgenheit und summt, kaum hörbar, vor sich hin. Und aus dem Summen wird ein kleiner Gesang. Sie singt mit ihrer verhaltenen Stimme die Sternennamen zum Himmel empor. Andreas versucht, eine Begleitung dazu zu pfeifen, schwach und verhalten auch er. Die Glöckchen schwingen auf und nieder. Isabel singt, Andreas pfeift und brummt dann und wann ein lang gezogenes Wort in ihre Melodie hinein, einen Namen, immer denselben Namen. Viel Staat kann er mit seiner Stimme nicht machen. Wenn der hohe Gesang ihn nicht führte, wäre er verloren. Aber es macht ihn so froh, dabei zu sein. Ihre Stimmen sind so getreulich beieinander. Isabel singt die Sterne, und er singt Isabels lieben Namen. So fahren sie durch die Winternacht.

Später, als sie eine Zeit lang geschwiegen haben, sagt Isabel, man brauche so wenig, um glücklich zu sein.

Andreas lacht leise: »Ja, ganz wenig nur: einen Schlitten, ein Pferd, einen alten Bauern, ein verschneites Moor, einige Sterne, die Milchstraße und das Weltall.«

»Das Wichtigste hast du natürlich vergessen.«

»Was ist das Wichtigste?«

»Es fängt mit einem D an.«

»Mit einem D? Mit einem D? Dukaten?«
»Dann kommt ein I.«
»Di...? Dieb, Ding, Dienst, Diener, Dionysos? Das rate ich nie.«
»Ich brauche vor allen Dingen ...« Sie neigt ihren Mund gegen sein Ohr und buchstabiert: »D-I-C-H.«
Wieder lacht Andreas: »Das ist allerdings sehr wenig.« Da beißt sie ihn ins Ohr ...
Nun fahren sie unter einem feinen Netz hin, in dem silberne Fischchen blinkern. Es ist das Gezweig der Birken, die rechts und links neben der Straße stehen, es sind die hindurchscheinenden Sterne.
»Was würdest du denn unter ›viel‹ verstehen?«, fragt Andreas.
»Wie meinst du das?«
»Du hast gesagt, man brauche so wenig, um glücklich zu sein. Was wäre denn viel?«
»Viel wäre, wenn man zum Beispiel die Tränen oder auch nur einen einzigen Seufzer eines andern Menschen dazu brauchte.«
»Hm«, macht Andreas. Nach einer Weile sagt er: »Und wie steht es mit deinen eigenen Tränen? Hast du noch nie über mich geweint?«
»Ach«, sagt Isabel, »das war früher.«
»Vorgestern.«
»Ja, früher, irgendwann.«

»Hm.«
»Man kann es nicht vergleichen«, sagt Isabel.
»Was?«
»Meine Tränen und dies, diese Fahrt, dies Glück, unser Glück jetzt. Es hat nichts miteinander zu tun.«
»Doch«, sagt Andreas. »Das Glück kostet viele Tränen.«
Isabel lehnt sich an ihn: »Vielleicht wäre es sonst nicht das Glück.«
»Hm.«
Mit wiederholtem Pfeifen dämpft der Bauer den Eifer des Pferdes. Dann haben Andreas und Isabel das Gefühl, als drehe sich der Schlitten im Kreise und kippe langsam um. Isabel stößt einen Schrei aus. Aber das Pferd ist nur von der Landstraße in den Seitenweg eingebogen, der nach dem etwas tiefer liegenden Hof des Bauern führt.
Die große Dielentür wird geöffnet. Sie fahren in eine warme Dämmerung hinein. Die Schlittenkufen rauschen auf dem Lehm. Es riecht nach Tieren und säuerlichem Futter. In den Ständen bewegen sich die Kühe. Ein zufriedenes Muhen kommt auf sie zu. Sie sind da.

Die Rose

VERFASSER UNBEKANNT

Rainer Maria Rilke ging in der Zeit seines Pariser Aufenthaltes regelmäßig über einen Platz, an dem eine Bettlerin saß, die um Geld anhielt.

Ohne je aufzublicken, ohne ein Zeichen des Bittens oder Dankens zu äußern, saß die Frau immer am gleichen Ort. Rilke gab nie etwas, seine französische Begleiterin warf ihr häufig ein Geldstück hin. Eines Tages fragte die Französin verwundert, warum er ihr nichts gebe.

Rilke antwortete: »Wir müssten ihrem Herzen schenken, nicht ihrer Hand.«

Wenige Tage später brachte Rilke eine eben aufgeblühte weiße Rose mit, legte sie in die offene, abgezehrte Hand der Bettlerin und wollte weitergehen. Da geschah das Unerwartete: Die Bettlerin blickte auf, sah den Geber, erhob sich mühsam von der Erde, tastete nach der Hand des fremden Mannes, küsste sie und ging mit der Rose davon.

Eine Woche lang war die Alte verschwunden; der Platz, an dem sie vorher gebettelt hatte, blieb leer. Nach acht Tagen saß sie plötzlich wieder an

der gewohnten Stelle. Sie war stumm wie damals, wiederum nur ihre Bedürftigkeit zeigend durch die ausgestreckte Hand.
»Aber wovon hat sie denn in all den Tagen gelebt?«, fragte die Französin.
Rilke antwortete: »Von der Rose ...«

Geben in Liebe
heißt nie verlieren,
und wie man Liebe
nicht schenken könnte,
wenn man sie nicht hätte,
so hat man sie erst,
wenn man sie schenkt.
Die Liebe allein
versteht das Geheimnis,
andere zu beschenken und dabei
selbst reich zu werden.

AUGUSTINUS

Zeugnistag

Reinhard Mey

Ich denke, ich muss so zwölf Jahre alt gewesen
sein, und wieder einmal war es Zeugnistag.
Nur diesmal, dacht' ich,
bricht das Schulhaus samt Dachgestühl ein,
Als meines weiß und hässlich vor mir lag.
Dabei war'n meine Hoffnungen keineswegs
hoch geschraubt,
Ich war ein fauler Hund und obendrein
Höchst eigenwillig, doch trotzdem hätte ich nie
geglaubt,
So ein totaler Versager zu sein.

So, jetzt ist es passiert, dacht' ich mir, jetzt ist
alles aus.
Nicht einmal eine 4 in Religion.
Oh Mann, mit diesem Zeugnis kommst du
besser nicht nach Haus,
Sondern allenfalls zur Fremdenlegion.
Ich zeigt' es meinen Eltern nicht und
unterschrieb für sie,
Schön bunt, sah nicht schlecht aus, ohne zu
prahl'n!
Ich war vielleicht 'ne Niete in Deutsch und
Biologie,

Dafür konnt' ich schon immer ganz gut mal'n!
Der Zauber kam natürlich schon am nächsten
Morgen raus,
Die Fälschung war wohl doch nicht so geschickt.
Der Rektor kam, holte mich schnaubend aus der
Klasse raus,
So stand ich da, allein, stumm und geknickt.
Dann ließ er meine Elter kommen, lehnte sich
zurück,
Voll Selbstgerechtigkeit genoss er schon
Die Maulschellen für den Betrüger, das
missrat'ne Stück,
Diesen Urkundenfälscher, ihren Sohn.

Mein Vater nahm das Zeugnis in die Hand und
sah mich an
Und sagte ruhig: »Was mich anbetrifft,
So gibt es nicht die kleinste Spur eines Zweifels
daran,
Das ist tatsächlich meine Unterschrift.«
Auch meine Mutter sagte, ja,
das sei ihr Namenszug.
Gekritzelt zwar, doch müsse man versteh'n,
Dass sie vorher zwei große, schwere
Einkaufstaschen trug.
Dann sagte sie: »Komm, Junge, lass uns geh'n.«

Ich hab' noch manches langes Jahr auf
Schulbänken verlor'n
Und lernte widerspruchslos vor mich hin
Namen, Tabellen, Theorien von hinten
und von vorn,
Dass ich dabei nicht ganz verblödet bin!
Nur eine Lektion hat sich in den Jahr'n
herausgesiebt,
Die eine nur aus dem Haufen Ballast:
Wie gut es tut, zu wissen, dass dir jemand
Zuflucht gibt,
Ganz gleich, was du auch ausgefressen hast!

Ich weiß nicht, ob es Rechtens war, dass meine
Eltern mich
Da rausholten, und wo bleibt die Moral?
Die Schlauen diskutier'n, die Besserwisser
streiten sich,
Ich weiß es nicht, es ist mir auch egal.
Ich weiß nur eins, ich wünsche allen Kindern auf
der Welt,
Und nicht zuletzt natürlich, dir, mein Kind,
Wenn's brenzlig wird, wenn's schiefgeht,
wenn die Welt zusammenfällt,
Eltern, die aus diesem Holze sind.

Der verlorene Sohn

Lk 15,1–32

Es kamen aber zu ihm alle Zöllner und Sünder, ihn zu hören; da murrten die Pharisäer und die Schriftgelehrten und sprachen: Dieser nimmt Sünder auf und isst mit ihnen. Er sprach aber zu ihnen dieses Gleichnis und sagte: Welcher Mensch unter euch, der hundert Schafe hat und eines von ihnen verloren hat, lässt nicht die neunundneunzig in der Wüste und geht dem verlorenen nach, bis er es findet? Und wenn er es gefunden hat, so legt er es mit Freuden auf seine Schultern; und wenn er nach Hause kommt, ruft er die Freunde und die Nachbarn zusammen und spricht zu ihnen: Freuet euch mit mir, denn ich habe mein Schaf gefunden, das verloren war. Ich sage euch: Also wird Freude im Himmel sein über einen Sünder, der Buße tut, mehr als über neunundneunzig Gerechte, welche der Buße nicht bedürfen.

Oder welche Frau, die zehn Drachmen hat, zündet nicht, wenn sie eine Drachme verliert, eine Lampe an und kehrt das Haus und sucht sorgfältig, bis sie sie findet? Und wenn sie sie gefunden

hat, ruft sie die Freundinnen und Nachbarinnen zusammen und spricht: Freuet euch mit mir, denn ich habe die Drachme gefunden, die ich verloren hatte. Also, sage ich euch, ist Freude vor den Engeln Gottes über einen Sünder, der sich bekehrt.
Er sprach aber: Ein Mann hatte zwei Söhne; und der jüngere von ihnen sprach zu dem Vater: Vater, gib mir den Teil des Vermögens, der mir zufällt. Und er teilte ihnen das Vermögen. Und nach nicht vielen Tagen brachte der jüngere Sohn alles zusammen und reiste weg in ein fernes Land, und daselbst vergeudete er sein Vermögen, indem er liederlich lebte. Als er aber alles vergeudet hatte, kam eine gewaltige Hungersnot über jenes Land, und er selbst fing an, Mangel zu leiden. Und er ging hin und verbürgte sich an einen der Bürger jenes Landes; der schickte ihn auf seine Äcker, Schweine zu hüten. Und er begehrte, sich zu sättigen mit Johannisbrot, welches die Schweine fraßen; und niemand gab ihm. Als er aber zu sich selbst kam, sprach er: Wie viele Tagelöhner meines Vaters haben Überfluss an Brot, ich aber komme hier um vor Hunger. Ich will mich aufmachen und zu meinem Vater gehen, und will zu ihm sagen: Vater, ich habe gesündigt gegen den Himmel und vor dir, ich bin nicht mehr würdig, dein Sohn zu heißen;

mache mich wie einen deiner Tagelöhner.
Dann brach er auf und ging zu seinem Vater. Der Vater sah ihn schon von weitem kommen, und er hatte Mitleid mit ihm. Er eilte dem Sohn entgegen, fiel ihm um den Hals und küsste ihn. Der Sohn aber sprach zu ihm: Vater, ich habe gesündigt gegen den Himmel und vor dir, ich bin nicht mehr würdig, dein Sohn zu heißen. Der Vater aber sprach zu seinen Knechten: Bringet das beste Kleid her und ziehet es ihm an und tut einen Ring an seine Hand und Sandalen an seine Füße; und bringet das gemästete Kalb her und schlachtet es, und lasset uns essen und fröhlich sein; denn dieser mein Sohn war tot und ist wieder lebendig geworden, war verloren und ist gefunden worden. Und sie fingen zu feiern.
Es war aber sein älterer Sohn auf dem Feld; und als er kam und sich dem Hause näherte, hörte er Musik und Tanz. Und er rief einen der Knechte herbei und erkundigte sich, was das wäre. Der aber sprach zu ihm: Dein Bruder ist gekommen, und dein Vater hat das gemästete Kalb geschlachtet, weil er ihn gesund wiedererhalten hat. Da wurde er zornig und wollte nicht hineingehen. Sein Vater aber kam heraus und redete ihm gut zu. Er aber antwortete und sprach zu dem Vater: Siehe, so viele Jahre diene ich dir, und niemals habe ich ein Gebot von dir übertre-

ten; und mir hast du niemals einen Bock gegeben, damit ich mit meinen Freunden fröhlich wäre. Kaum aber ist der hier gekommen, dein Sohn, der dein Vermögen mit Dirnen durchgebracht hat, da hast du für ihn das Mastkalb geschlachtet. Er aber sprach zu ihm: Kind, du bist allezeit bei mir, und all das Meinige ist dein. Nun soll man fröhlich sein und sich freuen; denn dieser dein Bruder war tot und ist wieder lebendig geworden und verloren und ist gefunden worden.

IN DER ÜBERSETZUNG VON AUGUSTINUS KURT FENZ

Es ist nicht wahr,
dass sich jeder selbst der Nächste ist,
sondern es ist wahr,
dass die Liebe zu den Menschen,
die Liebe zu allen, die uns brauchen
und auf die wir angewiesen sind,
Licht ins Leben bringt.

HERMANN GMEINER

Die Belohnung

NACH JOHANN GOTTFRIED HERDER

Der Kalif Harun al Raschid traf, als er einst auf der Jagd war, einen alten Mann an, der einen Nussbaum pflanzte. »Welch ein Tor ist dieser Alte«, sagte der Kalif zu seinen Begleitern, »er tut, als ob er noch ein Jüngling wäre und die Früchte von diesem Baum genießen würde.« Da seine Gefährten gleichfalls über diesen Alten lachten, so ging der Kalif auf ihn zu und fragte, wie alt er sei. »Über achtzig Jahr, Herr«, war die Antwort, »aber gottlob, noch so gesund wie einer von dreißig.« »Wie lange gedenkst du denn noch zu leben«, sprach der Kalif weiter, »dass du in einem solchen Alter noch junge Bäume pflanztest, die so späte Früchte tragen? Warum machst du dir so vergebliche Arbeit?« »Herr«, gab der Alte zur Antwort, »ich bin zufrieden, wenn ich die Bäume gepflanzt habe, ohne mich darum zu bekümmern, ob ich oder ein anderer ihre Früchte genießen werde. Es ist billig, dass wir tun, wie unsere Väter taten. Sie pflanzten Bäume, deren Früchte wir aßen; da wir nun der Väter Arbeit genossen haben, warum sollten wir nun gegen unsere Nachkommen neidischer sein, als jene gegen uns waren? Ich denke, was der Vater nicht genießt, das erntet der Sohn.« Der freigiebige Harun, dem diese Antwort gefiel, schenkte dem Alten eine Handvoll Goldstücke. »Wer kann nun sagen«, fuhr der heitere Greis fort, »dass ich heute vergeblich gearbeitet habe, da der junge Baum, den ich pflanze, gleich am ersten Tage so reiche Früchte trägt? Darum ist es wahr: Wer Gutes tut, wird immer reichlich dafür belohnt.«

Liebe und tu, was du willst.
Schweigst du, so schweige aus Liebe!
Redest du, so rede aus Liebe!
Schonst du, so schone aus Liebe!
Die Wurzel der Liebe sein in dir.
Aus dieser Wurzel
kann nur Gutes kommen.

AUGUSTINUS

Der Sperling

Iwan Sergejewitsch Turgenjew

Auf der Heimkehr von der Jagd durchschritt ich die Gartenallee. Mein Hund lief vor mir her. Plötzlich hemmte er seinen Lauf und begann zu schleichen, gleich als witterte er vor sich ein Wild.

Ich blickte die Allee hinunter und gewahrte einen jungen Sperling mit gelb gerandetem Schnabel und Flaum auf dem Köpfchen. Er war aus dem Nest gefallen – heftiger Wind schüttelte die Birken der Allee – und hockte unbeweglich, hilflos seine kaum hervorgesprossenen Flügel ausstreckend.

Langsam näherte mein Hund sich ihm, als plötzlich, von einem nahen Baum sich herabstürzend, der alte, schwarzbrüstige Sperling wie ein Stein gerade vor seine Schnauze zu Boden fiel – und völlig zerzaust, verstört, mit verzweifeltem, kläglichem Gezeter mehrmals gegen den scharfgezahnten, geöffneten Rachen lossprang.

Er warf sich über sein Junges, um es zu retten. Mit dem eigenen Leib wollte er es schützen … doch sein ganzer, kleiner Körper bebte vor Schrecken, sein Stimmchen klang wild und hei-

ser, Betäubung erfasste ihn, er opferte sich selbst. Als welch riesengroßes Untier musste ihm der Hund erscheinen! Und dennoch hatte er nicht auf seinem hohen, sicheren Ast zu bleiben vermocht. Eine Macht, stärker als sein Wille, riss ihn von dort herab.
Mein Hund hielt inne, wich zurück ... Sichtlich begriff auch er diese Macht. Schnell rief ich den Verblüfften zurück – und entfernte mich, Ehrfurcht im Herzen.
Ja, lächelte nicht darüber! Ehrfurcht empfand ich vor diesem kleinen, heldenmütigen Vogel, vor der überströmenden Kraft seiner Liebe.
Die Liebe, dachte ich, ist stärker als der Tod und die Schrecken des Todes. Sie allein, allein die Liebe erhält und bewegt unser Leben.

Die Liebe ist schließlich das Glück
und der Trost unseres Lebens.
Wer nur sich selbst sucht,
wird auch nur sich selbst finden
und er wird vereinsamen.
Die Seligkeit liegt in der Liebe.

Franz Sawicki

Das Rotkehlchen

AUS DEUTSCHLAND

Ein Rotkehlchen kam in der Strenge des Winters an das Fenster eines Bauernhauses. Da öffnete der Bauer das Fenster und nahm das zutrauliche Tier freundlich in seine Wohnung. Es pickte die Brosamen und Krümel auf, die von seinem Tisch fielen. Auch die Kinder des Bauern gewannen das Rotkehlchen lieb. Als aber der Frühling ins Land kam und die Bäume wieder grün wurden, da öffnete der Bauer das Fenster, und der kleine Gast flog in das nahe Wäldchen und baute sein Nest.

Als der Winter wiederkehrte, kam das Rotkehlchen erneut in die Bauernstube; diesmal hatte es sein Weibchen mitgebracht. Der Bauer mit seinen Kindern freute sich sehr, als sie die beiden Tierchen sahen. Und die Kinder sagten: »Die Vögelchen sehen uns an, als ob sie etwas sagen wollten.«

Da antwortete der Vater: »Wenn sie reden könnten, so würden sie sagen: Freundliches Zutrauen erweckt Zutrauen, und Liebe erzeugt Gegenliebe.«

Von dem barmherzigen Samariter

JOHANN PETER HEBEL

Es fragte Jesus ein Schriftgelehrter: »Meister, was soll ich tun, dass ich das ewige Leben erwerbe?« Die Frage wäre gut. Jesus sprach zu ihm: »Wie steht im Gesetz geschrieben? Wie liesest du?« Der Schriftgelehrte antwortete: »Du sollst Gott, deinen Herrn, lieben von ganzem Herzen, von ganzer Seele, von allen Kräften und von ganzem Gemüt, und deinen Nächsten wie dich selbst.« Die Antwort war auch gut. Jesus sprach zu ihm: »Tue das, so wirst du leben.« Der Schriftgelehrte wollte sich rechtfertigen. Er schämte sich, dass er eine Frage sollte getan haben, die er und jedes Kind sich selbst hätte beantworten können. Er fragte daher weiter: »Wer ist denn mein Nächster?« Jesus antwortete ihm:

»Es ging ein Mensch von Jerusalem nach Jericho und fiel unter die Mörder. Die Mörder zogen ihn aus, schlugen ihn und ließen ihn halbtot liegen. Es zog ein Priester dieselbe Straße hinab, sah ihn und ging vorüber. Es kam ein Levit an die Stelle, sah ihn auch und ging auch vorüber. Es kam ein Samariter dahin, und als er den Verwundeten sah, jammerte ihn seiner. Er ging zu ihm und verband ihm seine Wunde. Er nahm ihn auf sein Tier und führte ihn in eine Herberge und pflegte seiner. Den andern Tag, als er weiterreiste, bezahlte er den Wirt und sprach zu ihm: ›Nimm dich seiner ferner an, und wenn es etwas mehr kosten wird: ich will es dir bezahlen, wenn ich wiederkomme.‹«

»Was dünkt dich«, sprach Jesus zu dem Schriftgelehrten, »welcher unter diesen Dreien ist der Nächste gewesen dem, der unter die Mörder gefallen war?« – Der Schriftgelehrte sprach: »Der, welcher die Barmherzigkeit an ihm getan hat.« Die Antwort war wieder gut. Jesus sprach zu ihm: »So gehe hin und tue desgleichen.«

Nämlich: Ich bin jedem sein Nächster, und jeder ist mir mein Nächster, den ich mit meiner Liebe erreichen kann, jeder, den Gott zu mir führt, oder zu dem mich Gott führt, dass ich ihn erfreuen oder trösten, dass ich ihm raten oder helfen kann, auch wenn er nicht meines Volkes oder meines Glaubens ist.

Tue das, so wirst du leben.

Die sieben Stäbe

CHRISTOPH VON SCHMID

Ein Vater hatte sieben Söhne, die öfters miteinander uneins wurden. Über dem Zanken und Streiten versäumten sie die Arbeit. Ja, einige böse Menschen hatten im Sinne, sich diese Uneinigkeit zunutze zu machen, die Söhne nach dem Tod des Vaters um ihr Erbteil zu bringen. Da ließ der ehrwürdige Greis eines Tages alle sieben Söhne zusammenkommen, legte ihnen sieben Stäbe vor, die fest zusammengebunden waren, und sagte: »Demjenigen von euch, der dieses Bündel Stäbe entzwei bricht, zahle ich hundert Taler bar.«

Einer nach dem anderen strengte alle seine Kräfte an, und jeder sagte nach langem vergeblichem Bemühen: »Es ist gar nicht möglich.«

»Und doch«, sagte der Vater, »ist nichts leichter.«

Er löste das Bündel auf und zerbrach einen Stab nach dem anderen mit geringer Mühe. »Ei«, riefen die Söhne, »so ist es freilich leicht, so könnte es ein kleiner Knabe!«

Der Vater aber sprach: »Wie es mit diesen Stäben ist, so ist es mit euch, meine Söhne. Solan-

ge ihr fest zusammenhaltet, werdet ihr bestehen, und niemand wird euch überwältigen können.
Wird aber das Band der Eintracht, das euch verbinden soll, aufgelöst, so geht es euch wie den Stäben, die hier zerbrochen auf dem Boden umherliegen.«

Menschen, die aus der Hoffnung leben,
sehen weiter.
Menschen, die aus der Liebe leben,
sehen tiefer.
Menschen, die aus dem Glauben leben,
sehen alles in einem anderen Licht.

LOTHAR ZENETTI

Quellenverzeichnis

Texte

Margret Fishback Powers, Spuren im Sand. Copyright © 1964 Margaret Fishback Powers
Übersetzt von Eva-Maria Busch. Copyright © der deutschen Übersetzung 1996 Brunnen Verlag Gießen. www.brunnen-verlag.de

Christian Führer, Kerzen vor der Nikolaikirche. Alle Rechte beim Autor.

Manfred Hausmann, Sie singt die Namen der Sterne. Erschienen in: Manfred Hausmann, Andreas © 1957 C. Bertelsmann Verlag, München, in der Verlagsgruppe Random House GmbH.

Johannes Kuhn, Glauben Sie an Engel? Erschienen in: Johannes Kuhn, Weihnachten © Hohenheim Verlag, Stuttgart/Leipzig 2002.

Irmgard Tabea Laps, Gespieltes Wunder. Alle Rechte bei der Autorin.

Reinhard Mey, Zeugnistag. Erschienen in: Reinhard Mey, Alle Lieder, © Edition Reinhard Mey, Berlin.

Hellmut Puschmann, Kleinigkeiten. Alle Rechte beim Autor.

Werner Reiser, Als der liebe Gott Ferien machen wollte. Alle Rechte beim Autor.

Gerhard Schöne, »Glück oder Unglück« und »Ganz einfach«. Alle Rechte beim Autor.

Werenfried van Straaten, Sie nennen mich Speckpater. © KIRCHE IN NOT, München, 2008, S. 22-26.

Klaus Weyers, Neun Uhr zweiunddreißig Bahnsteig eins. Alle Rechte beim Autor.

Bilder

Cover: © Maria.P./Fotolia.de
Seite 8: © emmi/Fotolia.de
Seite 22: © Unclesam/Fotolia.de
Seite 63: © Star Jumper/Fotolia.de
Seite 97: © Schlierner/Fotolia.de
Seite 118: © YaaL/Fotolia.de

Wir danken den genannten Inhabern von Text- und Bildrechten für die freundliche Erteilung der Abdruckgenehmigung. Der Verlag hat sich bemüht, alle Rechteinhaber in Erfahrung zu bringen. Für zusätzliche Hinweise sind wir dankbar.